# WATCH DOGS
## LEGION

# RESISTANCE
# REPORT

## 레지스탕스
## 리포트

ART
NOU
VEAU

# 서문

이 이야기부터 시작하려 한다. 고참 기자이자 의식 있는 세계 시민으로서 오늘날 런던에서 발생하는 일만큼 중요한 일이 없다고 생각한다. 민영화된 경찰 정권과 잔인한 암시장 경제가 악랄하게 결합하였고 이에 따른 시민들의 반란으로 인해 거리는 어떠한 현대 민주주의 국가도 공포에 떨게 할 만큼 혼란에 빠져 있다. 바로 이 상황이 이 작업을 하게 된 가장 중요한 이유다.

이 보고서는 분쟁의 사회정치적 기원을 분석하여 런던의 혼란스러운 상황을 역사적 관점에서 살펴본다. 또한 현대 권위주의 감시 국가의 부상(주로 약어로 MASS라 부른다)과 레지스탕스라고 통칭하는 반대 세력인 대규모의 이질적 군단의 출현을 자세히 살펴본다. 특히 런던뿐 아니라 전 세계적으로 반권위주의 저항의 중심이 된 지하 단체를 파헤치려 한다. 이 단체는 자칭 'DedSec'이라 부른다.

여러 북미 통신사에서 일한 경험이 있는 자격을 갖춘 기자로서 나는 거의 20년 동안 이 거대한 이야기를 추적해왔다. 나는 양쪽 집단, 즉 감시 국가와 레지스탕스의 심도 깊은 국제 연락망 명단을 작성해왔으며 여기엔 현재 런던에 있는 DedSec과 영국 정보국에 속한 다수의 주요 인사들이 포함되어 있다. 이 문서의 모든 기록은 고위층의 기밀 정보원들에게서 들은 내용이며 수십 년간 관계를 구축해온 경우도 있다. 또한 나는 절대 정보원의 신원을 밝히지 않는다. 많은 경우, 신원이 밝혀지면 정보원뿐 아니라 내게도 치명적일 수 있다.

내가 말하고자 하는 요점은, 모든 것을 꿰뚫어보는 홉스의 리바이어던 국가라는 긴급사태를 이해하고자 노력했다는 것이다. 지난 한 해 동안 나는 런던에서 발생한 리바이어던 국가의 불길한 출현에 초점을 맞추고 이에 반대하는 저항 세력을 분석했다.

하지만 어쩌면 누군가는 집착이라고 할 수 있는 이 문제에 관한 나의 개인적이고 근본적인 관심은 2003년 어느 더운 여름날 오후에 시작되었다.

2003년 8월 14일 오후 4시 10분, 나는 뉴욕 그리니치 빌리지에 있는 해산물 식당에서 굴요리를 준비 중이었다. 쟁반에 담긴 작은 굴을 까서 깔아놓은 얼음 위에 얹고 있는데 불빛이 깜박이다가 꺼졌다. 암흑이 몇 분간 계속되자 나는 배터리로 작동하는 출구 유도등의 흐릿한 초록 불빛을 따라 테이블 사이를 더듬으며 지나갔다.

웨스트 브로드웨이에는 어두워진 카페와 상점에서 사람들이 쏟아져 나오고 있었다. 밀림에서 느낄 만한 더위의 찌는 듯한 오후였다. 도시 전체가 정전되었다는 소문이 빠르게 퍼졌다. 스릴 있지만 분명 무섭고 이상한 소문이 이 거리에서 진동했다. 무슨 일이 벌어지고 있는 걸까? 다시 테러가 발생한 것인가?

남쪽으로 몇 블록 떨어지지 않은 곳에서 트윈 타워가 무너진 지 채 2년도 되지 않았다. 9/11 테러의 상흔이 채 가시지 않았다. 악몽이 재현되는 느낌이었다. 그때와 마찬가지로 발이 묶인 수십만 명의 통근자가 다리를 건너 긴 시간에 걸쳐

집으로 돌아가기 위해 지하철에서 꽉 막힌 도로로 떼 지어 몰려나왔다. 집으로 돌아갈 포기하고 중앙우체국이나 다른 지자체 건물 계단에 진을 치는 사람도 있었다. 양복을 입은 사람들이 인도에서 몸을 웅크리고 밤을 지새웠다.

그날 저녁 알바리에서는 파타키 주지사가 비상사태를 선포하고 주 방위군을 동원했다. 전미 여객 철도공사 북동부 회랑 모든 철도 운행이 중단되었고, 뉴욕시로 진출하는 모든 철도편이 끊겼다. 지역 공항은 모든 조업을 멈췄다. 회로 과부화로 인해 뉴욕시 전 지역에서 휴대폰 서비스가 마비되었다. 월스트리트와 유엔도 멈춰버렸다. 보안 수위가 가장 높은 교도소는 발전기 전력으로 전환하고 비상 폐쇄 모드로 들어갔다. 주 경찰관들이 혼란에 빠진 지역에 파견되고 4만 명의 뉴욕시 경찰은 방패와 무기를 준비했다.

9/11 테러 이후 치안이라는 명목하에 시민들의 자유가 유보되었다. 당황한 당국은 거리, 전파, 교통망을 장악했다… 모두 안보라는 목적으로.

2003년 미국 북동부 대정전은 북미 역사상 최대 규모 정전 사태였다. 미 북동부와 중서부 위쪽 지역의 여덟 개 주 주민 5천 5백만 명은 몇 일간 암흑 속에 빠졌 [...]
부 지역에서는 정전이 몇 주 동안 지속되기도 했다. 송전선 과부하로 뉴욕, 뉴저지, 오하이오, 미시간에 있는 발전소에서 9곳의 원자로의 가동이 중단되면서 송 [...]
으로부터 수천 메가와트의 전력이 손실되었다. 모두 합해 미 북동부 지역의 100개 이상의 주요 발전소 가동이 전면 중단되었다.

이 참사의 원인은 무엇이었을까? 정부의 공식 입장은 그 당시에도 믿기 어 [...]
내용이었다.

의회에서 구성한 특별대책반은 오하이오주 월턴 힐스 지역에서 무성하게 [...]
나무의 나뭇가지가 고전압 전선을 스친 데다 인적 오류와 소프트웨어 결함 [...]
해져 일련의 시스템 장애를 발생한 것이라고 결론 내렸다.

내가 대정전에 대해 8년간 광범위하게 조사해본 결과 특별대책반이 보고 [...]
로 연쇄적 과실, 즉 연속된 26가지 사건이 발생했음을 확인했다. 그러나 반 [...]
주의 해킹의 복잡한 지하 루트 시스템을 통해 파헤친 결과 한 가지 중요한 [...]
을 알게 되었다. 대정전을 촉발시킨 원인은 오하이오의 늘어진 나뭇가지가 [...]
었다.

원인은 시카고에 사는 티본이란 이름의 남자에게 있었다.

▼ ▲ ▼

오늘날 런던의 혼란을 가장 주의 깊게 관찰하는 사람들은 블룸 코퍼레이 [...]
완전히 통합된 통제 및 감시 네트워크인 중앙관리시스템^mOSsystem에 대해서 [...]
있다. 2003년에만 해도 블룸 코퍼레이션은 익명의 동업자였으며 북동부 전 [...]
전적으로 제재할 수 있는 권한을 가지고 은밀히 운영 중이었다.

도시 혼란의 직전에 있던 2003년 대정전은 개인적으로도 깊이 영향을 미 [...]
그때 그 거리에서 느꼈던 감정을 절대 잊을 수 없다. 다시 말하지만 그 감정 [...]
보고서를 쓰게 된 본능적인 이유다.

그해 여름 빌리지 비스트로에서 컬럼비아 대학교 졸업반 학비를 모으기 위 [...]
은 시간을 일했다. 물론 저널리즘을 전공하고 있었다. 정전되었을 때, 순식 [...]
모든 것이 변했다. 표면적으로 보이는 시민들의 일상 바로 아래서 어두운 [...]
부 상태가 곪아가고 있음을 느꼈다.

진압 장비를 든 경찰들이 배치된 보안 검문소를 보면서 안도와 두려움을 동 [...]
느꼈던 기억이 난다. 알비온의 자동화된 검문소가 도시 전체에 퍼져나가기 [...]
했을 때 얼마나 많은 런던 시민들이 나와 같은 감정을 느꼈을지 궁금하지 [...]
수가 없다.

▼ ▲ ▼

전원이 나간 냉장고 안에서 음식이 썩어가고 사재기로 세 개 주에 걸친 지 [...]
모든 상점의 물건이 동나면 문명사회의 알팍한 겉치레는 사라져버릴 수 [...]
온전한 생존이란 강력한 본능임을 배웠다. 음식과 안전, 안락함을 보장받 [...]
해 자신이 얼마나 기꺼이 소중한 자유와 맞바꾸려 하는지 깨닫는 것은 굉 [...]
불쾌한 일일 수도 있다.

2003년 대정전을 겪는 동안 이런 의문을 품게 되었다. 잠시 동안만 경찰국 [...]
되는 것은 정말 나쁜 방법일까? 상황이 진정될 때까지 만이라면?

독재는 그런 방식으로 기반을 마련한다. 런던에서도 목격한 일이다. 여느 [...]
마찬가지로 저녁 6시 뉴스는 살인과 범죄에 대한 선정주의적 기사로 가득 [...]
최근에는 충격에 빠진 방관자들이 인터뷰에서 항상 같은 말을 한다. "알비 [...]
있어서 다행이에요" 그들이 더듬거리며 말한다. "상황이 훨씬 안 좋았을 수 [...]
어요."

LH█████████████
D█████████████

D: 지난 달 언론인 클럽 만찬에서 내가 네게 한 말 기억나? 민간군사 기업 알비온이 보안국(M15)을 대체한다고 해서 내부에서 저항이 일어났다고—폭력배들이 난폭해져 가고, 깊은 조직적 지원이 있다는 등 말이야. 무언가 진짜 이상한 일이 벌어지고 있어. 이번 달에 내가 연방보안국에 관해 쓴 주간 연재 글을 확인해봐. '런던 검문소에서 온 특전'이라고 이름 붙였어.

런던으로 직접 와서 보는 건 어때? 네가 만나봐야 할 사람들이 있어. 네가 쓰고 있는 무거운 책에 흥미로운 내용을 더해줄 지도 몰라.

하지만 조심해야 해. 네 귀 뒤에 옵틱 ID를 삽입하도록 두지 마. 그들이 시도는 하겠지. 사실 너무 많은 관광객이 시험해보고 싶어 안달이 나 있어. 하지만 미국인들은 히드로 공항의 작은 세컨더리 룸에서 계속 입장을 고수하기만 한다면 영국 경찰이 무사통과시켜줄 거야. 물론 넌 네가 일으킨 문제 때문에 알비온에게 최악의 요주의 인물로 분류되겠지만 말이야.

그럼 이만.

LH

메트로폴리스 실종자 보고서
이름: 루이즈 하트퍼드
직업: GBB 수사팀 수석 특파원
167.6 센티미터, 51.4 킬로그램
날씬한 체격
짙은 색 머리
손목에 파란 장미 문신

# PART 1
# 분노의 근원

오늘 아침 램버스 호텔 로비에서 일하는 동안 호텔 바로 밖 보안 검문소 근처에서 남아시아 커플이 잔인하게 폭행당하는 장면을 목격했다.

가해자는 거리의 불량배가 아니었다. 그들의 장비로 보아 런던 경찰국 업무 대부분을 장악한 민간 보안부대 알비온이 분명했다. 나는 9개월간 런던에 머물면서 목격하고 있는 것들이 두렵다. 전 세계가 1940-41년 블리츠를 떨쳐냈던 위대한 도시를 잃게될 위험에 놓여 있다.

내 말을 오해하지 않길 바란다. 런던 사람들을 잃는다는 뜻이 아니다. 내가 '호전적인 생존'이라 칭한 건방지고 투지 넘치는 영국인들의 정신은 오늘날에도 거리에 살아 번성하고 있다.

하지만 사회 각층을 시민 공동의 목적과 연결시키는 사회적 접착제가 점차 그 영향력을 잃어가고 있다는 사실이 두렵다.

——————— ▼△▼ ———————

그 한 가지 이유는 보잘것없긴 해도 적들이 현재 그림자 속에 살고 있다는 점이다.

세계 대전이라는 가장 암울했던 시대에는—두꺼운 날개를 가진 독일 하인켈 111 전투기 무리가 영국해협을 가로질러 런던에 폭탄을 투하하던 시절—적군을 쉽게 식별할 수 있었다. 하늘이나 나치 항공성에서 런던 지도 위로 웅크리고 있는 히틀러나 괴링의 흐릿한 사진을 가리키면 될 일이었다.

그 결과 영국은 절대 흔들리지 않게 되었다. 왕, 총리, 국회의원부터 경찰, 부두노동자, 벽돌공에 이르기까지 모든 영국 시민이 공습 대피소에 모여 놀라운 공통 해결책을 찾아냈다.

잔인했던 8개월이라는 기간 동안 런던은 민간인 지역에 1만 8천 톤 이상의 무기를 쏟아부었던 71건의 주요 '테러' 공격을 포함하여 밤낮으로 수천 번의 독일공군의 출격을 견뎌냈다. 하지만 런던은 망가진 적이 없다. 어두운 지하 대피소에서 런던 사람들은 노래했고, 땅이 요동칠 만큼 웃어댔다.

그들의 머리 위로는 스핏파이어와 허리케인 전투기가 적과의 교전을 위해 상공으로 출격했다.

——————— ▼△▼ ———————

그러나 오늘날 누가 적군인가? 적군은 어디에 있는가?

오늘날 우리는 런던의 나인 엘름스에서의 공포와 캠던에서의 대학살 소식을 듣는다. 무슨 일이 벌어지고 있는 것인지 아는 사람이 없어 보인다. 거짓 정보가 새로운 게슈타포(옛 나치 독일의 비밀 국가 경찰-옮긴이)다.

1941년 3월에는 폭탄이 보여주는 포물선 궤적—관성, 대기 속도, 풍속—의 물리학이란 한 가족 전체가 1초 만에 소멸되었다는 의미일 수 있었다. 하지만 오늘날은 무언가 다른 일이 벌어지고 있다. 훨씬 더 교활하고 무섭고 어디에나 있는 일이 런던을 조금씩 무너트리고 있다. 누군가 검문소, 중앙관리 드론과 카메라를 설치하고 있다. 그리고 이제 그들이 모든 사람의 머리에 옵틱 두개골 임플란트를 이식한다.

이번엔 런던을 지키기 위해 스핏파이어나 허리케인 이상의 무언가가 필요한 것 같아 두렵다.

CITIZENSHIP
MMIGRANT APPLICANTS.

# 감시 국가의 시작

## 어떻게 우리가 여기까지 오게 된 걸까?

테오도르 루스벨트 대통령이 인용해서 모두가 알고 있는 옛 속담이 있다. "말은 부드럽게 하되 행동은 강력하게 하라. 그러면 성공할 것이다." 하지만 21세기 새로운 세계 질서하에서 채찍보다는 당근이 훨씬 더 성공적이었다. 최근 수십 년 동안 작고 눈에 띄지 않는 진보로 시작되어 끊임없이 확장하는 새로운 기술 네트워크를 통해 감시 기술은 진화했고 사생활과 자유는 잠식 당하고 있다. 각각 빛나는 최신 기술은 더 빠르고 쉽고 안전하게 만들어주겠다는 매력적인 약속과 함께 대중에게 판매되었다. 하지만 결과적으로 우리는 세상에 공짜는 없다는 가혹한 현실을 직면해야 했다. 화면 반대편에는 항상 정보를 빨아들이는 누군가가 있다. 그리고 이렇게 빨아들이는 정보에는 엄청난 금전적 가치가 있다.

이 섹션에서는 런던이 어떻게 분열된 도시가 되었는지 지난 9개월간 내가 깨달은 바를 통해 약간의 역사 수업을 해보려 한다.

# CCTV

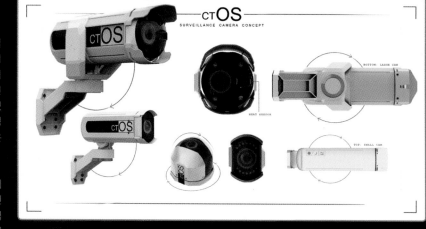

아, CCTV. 현대 영국에 대한 토론을 시작하기에 얼마나 자연스러운 주제인가. 제2차 세계 대전 당시 나치 독일의 일급비밀이었던 V-2 미사일 기지에서 처음 사용된 CCTV(폐쇄회로 텔레비전 기술)는 전후 산업화된 세상에서 거침없이 확산되기 시작했다. 오늘날 CCTV는 어디에서나 볼 수 있는 현대 생활의 특징이 되었지만 런던만큼 CCTV가 더 많은 곳은 없다.

오늘날 정부가 운영하는 중앙집권식 카메라 시스템은 집을 나서는 순간부터, 때로는 그 이전부터 당신의 움직임을 추적할 수 있다. 런던 교통 및 환경 구역에는 도시 중심부의 움직임을 추적하는 수백 개의 CCTV 카메라, 검문소 및 장벽이 사용되고 있으며 이는 시민 14명당 CCTV 한 대 꼴이다. 그 결과 런던 시민들은 전 세계에서 가장 심하게 감시당하는 사람들이 되었다. 최근 연구에 따르면 전 세계적으로 4억 5천만 개 이상의 CCTV 카메라가 작동중이며 앞으로 수백만 대가 더 설치될 계획이다.

미국시민자유연맹ACLU과 같은 감시 단체는 수년 간 CCTV를 통한 공공 감시가 확산하는 데 맞서 열심히 싸워왔다. 최근에는 DedSec처럼 최신 기술에 능통한 지하 단체들이 지속적인 사생활 침해와 기업 국가라는 성장하는 세력에 맞서 싸우고 있다.

# 메타데이터 수집

9/11 테러의 충격 이후 미국 국가안전보장국[NSA]은 전자 데이터 수집에 초점을 맞춘 대규모 대테러 활동에 착수했다. 2006년 승인된 새로운 프로그램은 미국 인터넷 서버를 통과하는 소위 '외국 정보'를 모두 수집하고 처리하기 시작했다.

프리즘이라는 코드 이름을 가진 이 프로그램은 특수 정보자원 작전국[SSO]으로 지정된 미국 최대 기술 회사의 사용자를 기반으로 얻은 많은 양의 개인 인터넷 및 통신 데이터에 접근할 수 있다.

놀랍게도 프리즘의 존재는 6년이나 지난 후 에드워드 스노든이라는 NSA 하청업자가 해당 기관의 활동에 관한 증거를 유출할 때까지 비밀로 남아 있었다. '14.1초당 국회도서관 하나에 맞먹는 양의 개인 정보를 수집한다는 사실이 이를 통해 밝혀졌다. 엄밀히 말하자면 프리즘이 영장 없이는 미국 시민에 대한 정보를 수집할 수 없지만, 감독기관이 법을 준수하는지 확인할 방법은 거의 없었다.

스노든의 폭로를 본 대다수 미국인은 국가 안보가 목적이라 해도 그 정도 규모로 시민의 자유를 희생하는 것은 터무니없는 일이며 용납할 수 없다는 데 동의했다. 물론 그렇다고 해서 프리즘을 막진 못했고 그 후 프리즘은 전 세계적으로 국가가 승인한 감시 및 대량 정보 수집을 위한 모델이 되었다. NSA나 미국국가정보국[CIA]이 프리즘을 가지고 실험 중이라면 M15도 틀림없이 주시하고 있을 것이다.

# SIRS

대부분의 미국인들이 영국의 오랜 국내 안보 및 방첩 기관인 M15에 대해서는 이미 잘 알고 있을 것이다. 하지만 M15의 뒤를 이은 SIRS의 출현에 대해 많은 설명이 필요하다.

M15의 몰락과 SIRS의 출현이 이루어진 배경은 사이버 테러(이 단어를 쓰면서 사이버 드라이버라는 싸구려 영화를 떠올리지 않기는 어렵겠지만)라는 한 단어로 요약된다. 그럼에도 2018년과 2019년 몇 주간 뉴캐슬 시는 심각한 사이버 테러 공격으로 중요한 도시 시스템 장애를 일으키면서 도시 기능이 마비되었다. 이 사건에 대응하기 위해 영국 정보기관인 정부 통신 본부<sup>GCHQ</sup>와 M15는 훗날 '여왕의 염탐꾼'이라고 불리게 된 해킹 대응 전담팀을 구성하였다. 이 전담팀은 처음엔 인기가 있었지만 과도한 전술을 남용하면서 곧 정치적 지원이 끊겼고 거의 해체되다시피 됐다. 누군가는 제외하고….

해킹 대응 전담팀은 신호 정보 대응 서비스, 즉 SIRS로 개편되었다. 자칭 서비스 The Service 는 개편 과정에서 M15를 집어삼켰다. 엄밀히 말하자면 SIRS의 헌장 지침은 국내 및 국제 테러리즘을 차단하고 사이버 범죄를 퇴치하고 영국 내 조직범죄 기업에 침투하여 해체시키는 일이다. 많은 책임이 따르는 일로 미국에서 비슷한 임무를 수행하는 기관을 만들려면 FBI와 CIA를 병합해야 할 것이다.

21세기 국가 안보에 대한 위협에 대응하기 위해 의회에서 구성한 SIRS는 2016년 제정된 수사권법 덕분에 사실상 감독 없이 공공 및 개인 데이터를 수집하고 분석할 수 있는 무한한 권력을 갖게 되었다. 그리하여 매우 짧은 기간 동안 SIRS는 세계에서 가장 큰 정보수집 기관으로서 NSA에 필적할 만큼 성장했다. 소문에 의하면 SIRS는 프리즘을 망신시킬 만한 확고한 기술을 보유하고 있다고 한다.

하지만 남아 있는 의문점이 있다. SIRS는 이 모든 권한과 정보를 가지고 무슨 일을 하고 있는가? 내가 알기론 SIRS의 첫 번째 임무 중 하나는 뉴캐슬 사건의 용의자를 살해하는 것이었다. 일을 마무리 짓는 좋은 방법 아닌가? 물론 뉴스 보도에서는 무슨 말을 해도 음모론일 뿐이라고 일축한다.

# 알비온

알비온에 대해 자세히 살펴보지 않고서는 SIRS가 어떤 기관인지 적절히 요약할 수 없다. 전직 군인, 전직 경찰 그리고 용병으로 구성된 이 엘리트 국제 파견단은 세계 최고의 민간군사 기업PMC으로 널리 알려져 있다. 전 특수부대와 비밀 첩보원들이 은퇴 후 직업상 가장 좋아하는 안식처인 알비온은 대테러 및 반란 전술, 특히 도시 환경에서 발생하는 테러를 포함하여 색다른 전쟁기술과 배치 모드에 대해 철저한 훈련을 거친다.

이 가공할 만한 전문성과 대표이사의 폭넓은 정치적 연줄을 고려해볼 때 영국 정부가 최근 사건을 계기로 알비온의 역할을 런던 전역에 걸친 보다 강력한 보안 주둔군으로 확대한 것은 놀라운 일이 아니다. 그 이후로 알비온은 사실상 도시의 군사 거점을 설계했으며 모든 공공 치안 유지활동 및 개인 보안 문제를 담당하게 되었다.

또한 알비온을 옹호하는 홍보 캠페인이 진행 중이며 국가가 무법상태가 될까 봐 두려워하는 런던 시민들을 지속적으로 규합하고 있다. 하지만 지난 수개월간 알비온이 휘두르는 잔인한 폭력은 범죄자뿐 아니라(조직적인 범죄 무리와 알비온 집행자 간에 무차별적인 총격전이 일어나는 것은 이제 흔한 일이다) 합법적인 공공 항의 집회와 시위대를 향하게 되었다. 그러자 이제 런던 주민들은 자신이 부수적 피해를 입을까 두려워하고 있다.

실제로 대부분의 런던 시민들은 숨겨진 근본적인 진실, 다시 말해 알비온의 주요 임무가 '평화 유지'가 아니라 SIRS의 권위주의적 목적을 달성하기 위한 강압적인 악당의 역할을 하는 것이 아닌가 하는 의심을 품기 시작했다.

# 휴대폰에서 옵틱까지

0여 년 전 미국과 영국의 사법당국은 처벌받지 않고 시민들을 추적하고 프로파일링하기 위해 새로운 기술과 시대에 뒤떨어진 개인정보 보호법을 악용하기 시작했다. 전원이 켜지면 휴대폰 활성화 여부와 상관없이 몇 분마다 무선 셀 기지국에 휴대폰 위치가 등록된다. 따라서 새로운 GPS 기술을 통해 당국은 감시 세상의 매우 상세한 '이동 지도'를 만들 수 있다.

위치 추적을 통해 매우 민감한 개인 활동이 드러난다. 지난밤에 어디에 있었는지. 어떤 상점에 방문했는지. 언제 상담사를 만났는지. 어떤 정치 활동에 참석했는지.

스마트 안경

경찰이나 정보국 요원은 판사의 영장 없이도 이런 종류의 개인 정보를 얻을 수 있으며 심각한 대테러 환경에서는 상황이 악화된다. 오늘날 런던에서는 계약직 보안 요원이 법적 제약에 훨씬 더 자유롭다. 이는 기술 분야의 발전 때문이기도 하다.

런던에서는 어느 누구도, 정확히 말하자면 거의 어느 누구도, 더 이상 스마트폰을 들고 다니지 않는다. 대신 옵틱 장치가 있다. 5장에서 SIRS와 알비온, 레지스탕스가 사용하는 대부분의 새로운 기술을 다루겠지만, 런던에서 합쳐진 복잡한 세력이 지향하는 바가 무엇인지 알려면 어디서나 볼 수 있는 옵틱이 무엇인지부터 이해해야 하므로 여기에서 설명하겠다.

스마트 기기

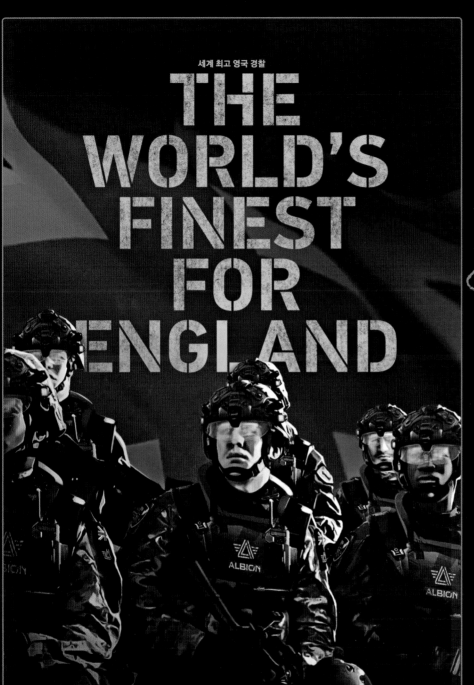

## 옵틱

**옵틱 1.0:** *괴짜스러운!*

패션이란 참 재미있다. 블룸 코퍼레이션이 대대적으로 광고했던 웨어러블 스마트폰 AR(증강현실) 액세서리 형태인 최초의 옵틱을 선보였을 때는 이미 한물간 안경테를 사용한 아이디어를 재탕한 것 아니냐며 널리 조롱당했다. 아무도 사는 사람이 없었다. 블룸에겐 완전한 실패작이었고 언론에선 혹평했다. 그런데 갑자기 (아마도 전자화폐의 가상 봉투와 연관이 있는 것으로 추측된다) 런던 교통위원회에서 오이스터 교통카드 프로그램을 중단하고 옵틱 장치로만 지하철요금을 지불하도록 했다. 편리하고 안심이 되는 방법이라고 좋은 평가를 받은 이 새로운 시스템은 지하철을 이용하는 모든 사람의 전체 이동 경로가 덜 공개되는 효과를 가져왔다.

# 옵틱 2.0: 무서운!

작년에 블룸에서 옵틱 2.0이 출시되었다. 현재 모든 사람이 그냥 옵틱이라 부르는데 이는 옵틱 1.0이 얼마나 존재감이 없었는지 보여준다. 블룸은 기존 안경 모양의 디자인과 달리 옵틱 2.0이 정말로 통합된 증강현실 경험을 제공하는 최초의 개인용 장치라고 광고했다. 비결은 두개골 임플란트였다. 이를 통해 모든 것이 가능해진다는 것이다. 이를 활용하려면 기본적으로… 두개골에 칩을 넣어야 한다. 하지만 저 흉측한 안경만 쓰지 않는다면야 감수할 수 있는 문제다. 안 그런가?

걱정하진 않아도 된다. 그렇게 심하게 몸에 칼을 대는 것은 아니다. 피어싱 정도의 비수술적 시술로 귀 바로 앞쪽에 작은 기둥을 심는다. 블룸 R&D 부서의 꽃이라 할 수 있는 이 장치는 시신경에 전기 신호로 충격을 가해서 뇌가 본 것을 해석하는 방식을 가로채게 한다. 그렇게 장치에서 시작으로 그래픽을 직접 보낼 수 있다.

인간의 '뇌 / 현실 인터페이스' 지배를 위한 혁신적인 일보 전진이라 평가되는 이 개인용 망막 장치는 이른바 강화된 이미징 비전을 제공한다. GPS와 도시 중앙 운영 체계에 네트워크로 연결된 옵틱 AR은 위치를 보여주고 물체를 인식하며 착용자의 시야에 해독된 정보를 직접적으로 제공하는—최고의 HUD(전방표시장치)—디지털 중첩을 생성한다.

옵틱의 메인 프로세서는 네오디뮴 자석을 통해 피부 위에 이식된 기둥에 부착된 작은 장치라는 점을 유의해야 한다. 외부 옵틱 자체는 업그레이드하거나 고급 모델로 교체할 수 있다. 일부 순진한 사용자들은 외부 장치를 제거하면 일시적으로 사생활을 보호받을 수 있다고 생각한다. 귀여운 바보들 같으니라고.

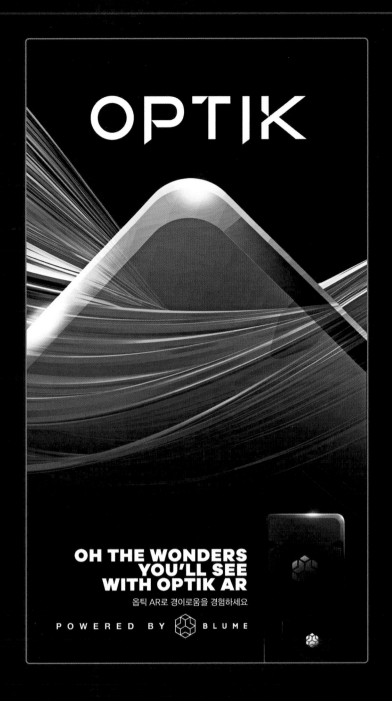

## 옵틱 채택

옵틱은 반영구적 피부 임플란트가 필요한데도 놀라운 인기를 얻어 분석가들을 당황스럽게 만들었다. HUD의 효율성과 편의성이 블룸이 추진한 대규모 마케팅에 힘입어 런던 시민들에게 대단히 매력적으로 다가왔다는 점이 증명된 것이다. 이제 옵틱은 모든 런던 시민들에게 필수적인 기본 신분증이다. 옵틱이 없는 경우 벌금 또는 체포 대상이 된다.

비용은 모두 어떻게 지불하는가? 옵틱은 블룸이 ISP(인터넷 서비스 제공)를 독점하는 대가로 무상 배포한다. (완전히 남는 장사다!) 다른 모든 공급자들은 배제되었다. 옵틱 장치는 자동 부하균형, 드론 기반 무선 네트워크를 이용한 런던의 ctOS 시행에 따라 운영된다. 전통적인 휴대전화 네트워크는 더 이상 정부 보조금 및 자금 지원을 받지 못하기 때문에 이 네트워크에 의존한 전통적인 스마트폰과 함께 단계적으로 폐기되었다.

런던 대부분 사람들이 옵틱 신분증을 삽입하고 살기로 선택했지만, 나머지 사람들은 법률제정을 통해 이 상황으로 끌려들어 갔다. 그러면서 예상하는 바대로 감시 국가에 대한 개회가 무르익어 갔다. 옵틱이 말하는 소위 프라이버시 모드에서도 ctOS 시스템을 통해 여전히 기준치에 해당하는 메타데이터를 수집하고 있다. 사람들이 어디로 가고, 누구를 만나고, 무엇을 보고, 사고, 먹는지, 언제 자고 일어나고 운동하는지—실제 생각과 감정 그리고 감정을 제외한 모든 것—를 안다는 뜻이다. 방금 한 말은 잊어라. 머신러닝이 디지털 발자국을 통해 생각과 감정을 식별하는 방법도 해결했으니 말이다. 그렇지 않은가?

# 안면 인식

안면 인식 생체계측은 공공 감시 목적으로 지금까지 활용된 것 중 가장 교활하게 침투하는 신분증 도구일지도 모른다. DNA 또는 지문 같은 다른 생체계측과 달리 안면 인식은 대상의 동의나 인식 또는 참여가 필요하지 않다. 정부에서 요구하는 사진이 부착된 신분증을 통해 생성된 고화질 이미지의 방대한 데이터베이스 덕분에 오늘날 실시간으로 얼굴이 인식되거나 로그인되지 않고 어떠한 공공장소(많은 사적 공간 또한)를 지나가기란 거의 불가능하다.

런던에서는 25만대 이상의 야간 투시경 및 적외선 투시경이 달린 고정식 또는 드론 장착식 블룸 4K 울트라 HD CCTV 공공 감시 카메라가 높고 낮은 곳에서 밤낮으로 도시 구석구석을 감시한다. 모든 카메라 피드는 ctOS 안면 인식 플랫폼을 통해 운영되며 정부당국과 기업 및 특정 개인에게 실시간 움직임을 보여주는 지도를 제공하여 모든 시민의 움직임 하나하나를 추적한다.

영국 사법당국은 증가하는 많은 양의 인구 생체 인식 캐시에 매일 새로운 데이터를 추가한다. 민간 기업들도 이 분야에 뛰어들고 있다. SNS 사이트들은 수년간 안면 인식 데이터베이스를 개발해오고 있다. 이러한 개인 생체계측 데이터 세트가 어떻게 사용, 집계 또는 판매되는지 알 수 없다. 확실한 한 가지 목표는 모든 공공 또는 민간 보안 요원들이 마주친 모든 개인의 신분을 즉시 식별할 수 있도록 하는 것이다.

# GBB NEWS

## 보안 드론, 사우스 뱅크 강도 사건에서 무장한 부랑자 사살, 식료품 약탈 막아

지난 일요일 사우스 뱅크에 있는 식료품 가게에서 발생한 광란의 강도 사건 도중에 정신 이상자인 무장 강도가 자동 선반보관 로봇을 쏘려고 하다가 알비온 경찰 드론에 의해 갈가리 찢겨 사살되면서 놀랍게도 본래 목적과는 다른 아이러니한 정의가 실현되었다.

41세 아마이치 데이비스는 정오가 막 지난 시각 워털루 로드에 있는 하이포인트 푸드 슈퍼마켓에 들어가 매장 관리자와 대화하기를 요구했다. 목격자들은 유리가 깨지는 소리와 함께 큰 고함이 들린 후 반자동 총성이 터져 나왔다고 보고했다. 몇 분 후 알비온 긴급대응팀이 현장 보존을 위해 도착했다.

알비온 PMC 대변인 얼 해링턴 씨는 사건 발생 몇 시간 만에 열린 기자회견에서 "초기 조사 결과 데이비스 씨는 폭력 전과가 있는 반정부 급진주의자임이 드러났습니다"라고 말했다. "우리 보안팀은 사건을 평화적으로 해결하기 위해 혼신의 노력을 다했지만 소용없었습니다."

*겉으로 보이는 것과는 전혀 달라.
확인해봐! ㅡ루이즈*

AI가 통제하는 드론 생태계는 런던의 지상 도로에서 약 10m 떨어진 상공에서 펼쳐지며 어느 곳에나 존재한다. 유감스럽게도 나 역시 이곳에 온 지 몇 주가 지나자 더 이상 드론을 인지하지 못하게 되었다.

처음엔 소포 배송을 대신할 목적으로 만들어졌던 드론 고속도로는 결과적으로 상품 운송 속도를 높이고 런던 대도시지역 통근자들의 환호를 받으며 도로 혼잡을 줄여 온실가스 배출량까지 감소시키는 역할을 했다. 오늘날 드론은 음식과 의약품 및 기타 상품을 배달하고, 수리를 진행하고 건설을 지원한다. …이 밖의 어떤 일이든 지 이미 드론을 활용하고 있거나, 블룸 코퍼레이션이나 파슬 폭스라는 사랑스러운 이름을 가진 신생 기업이 해당 드론을 제작 중일 것이다.

드론 운행은 엄격한 규제가 이루어지는 산업이다. 영국은 개인용 드론을 기본적으로 금지하는 포괄적 드론 법률을 통과시켰으며 인구 밀도가 높은 지역에서의 상업용 또는 산업용 드론 배치를 통제하는 복잡한 규정을 제정했다. 지역 간 고속 상업용 드론 운행은 고도가 높은 차선에만 엄격히 배정되며 도시 도로 위를 떠다니는 지역 내 드론 운행은 저속 업무에만 제한된다는 점은 주목할 만하다.

드론은 이미 널리 보편화되어 있었으므로 런던의 법 집행에 있어 중요한 일부가 되는 것은 시간문제였다. 초기 CCTV 감시는 고정된 위치―건물이나 교량, 신호 등 또는 기타 공공 구조물―에 설치된 카메라 네트워크를 기반으로 했지만, 최근 사회에서 주목받는 드론 기술은 새로운 차원의 비디오 감시를 탄생시켰다. 바로 스파이 드론 네트워크다.

발전된 비디오 카메라, 적외선 센서 및 잠금 추적 기능을 갖춘 분산망 드론은 아무리 정신없고 혼잡한 상황이더라도 외부와 내부 모두를 포함한 넓은 영역에 걸

공청회 및 입법 과정에서 격렬한 논쟁이 벌어졌지만 사법당국은 감시 목적의 드론 사용, 특히 런던과 같은 밀집된 도시 환경에서 범죄 증가에 대한 대응책으로 써 사용 범위를 크게 확대했다. 오늘날 영국 시민의 모든 움직임은 AI가 통제하는 드론 네트워크를 통해 모니터링, 추적, 기록 및 분석할 수 있다. 무기(치명적이 거나 치명적이지 않은 경우 모두)를 장착한 드론은 군중을 제어하거나 용의자를 검거하는 데 도움이 된다.

# IF I DON'T KNOW YOU I DON'T TRUST YOU

## #SECURELONDON

IF YOU SEE OR HEAR ANY SUSPICIOUS BEHAVIOUR OR
UNATTENDED PACKAGES, FOR LONDON'S SAKE
REPORT IT TO THE AUTHORITIES.

SIGNALS
INTELLIGENCE
RESPONSE
SERVICE SIRS

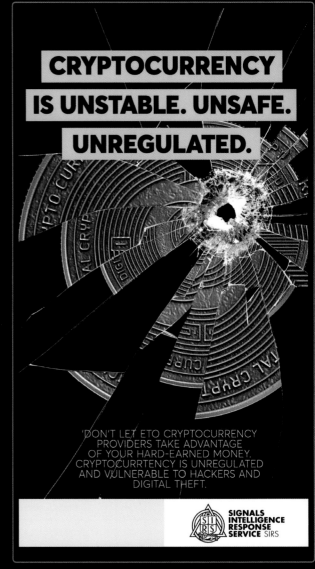

# CRYPTOCURRENCY IS UNSTABLE. UNSAFE. UNREGULATED.

'DON'T LET ETO CRYPTOCURRENCY
PROVIDERS TAKE ADVANTAGE
OF YOUR HARD-EARNED MONEY.
CRYPTOCURRTENCY IS UNREGULATED
AND VULNERABLE TO HACKERS AND
DIGITAL THEFT.

SIGNALS
INTELLIGENCE
RESPONSE
SERVICE SIRS

당신을 알지 못한다면 당신을 신뢰할 수 없다.

#SECURELONDON

의심스러운 행동이나 방치된 물건을 발견할 경우
런던의 안전을 위해 당국에 신고하십시오.

암호화폐는 불안정하고, 불안하며, 불법입니다.

ETO 암호화폐 공급자들이 당신이 힘들게 번 돈으로
이득을 취하도록 두지 마십시오.
암호화폐는 불법이며 해커나 디지털 절도에 노출될 위험이 있습니다.

권력 공백으로 말미암아 크레이 형제 이후 볼 수 없었던 방식으로 자국 내 범죄자들이 영향력을 행사할 기회가 열렸다. 다크 웹과 암호화폐 체계 수용에 관한 그들의 잔인함 덕분인지 또는 미래를 내다본 사고 덕분인지, 한 가족을 중심으로 한 사업이 특히 천문학적 상승세를 보였다. 바로 클랜 켈리다.

오늘날 클랜 켈리는 런던의 급성장하는 지하 경제에 대한 지배권을 유지하며 도시의 암시장을 통제하는 데 필요한 영향력을 행사하고 있다. 런던에서 사업을 하고 싶은 외국 사이버 범죄자들에게 클랜 켈리는 런던의 문지기로 여겨진다.

# 초기 레지스탕스

지하에서 이루어진 많은 현대 반권위주의 운동의 기원과 영감은 1940년부터 1944년까지 발생한 프랑스 레지스탕스에서 유래되었다. 나치 점령하에서 활동한 수백 개의 소규모 잠복 조직은 게릴라전을 수행하고 연합군을 위해 직접 군사 정보를 수집하며 프랑스 전역의 지역사회에 주요 정보 경로를 유지하기 위해 조직되었다.

오늘날, 신파시스트 독재에 대항한 저항은 협조 활동을 통해 두 개의 전선에서 이루어진다. 물론 대중 봉기는 적극적인 저항 운동을 펼치면서 시작된다. 즉 거리로 나아가 자신을 위험에 노출할 만큼 헌신적이고 열정적인 회원이 많아야 한다는 의미다. 동시에 사이버 공간을 통제하는 것도 마찬가지로 중요하다. 인터넷의 범위와 영향력을 고려할 때 성공적인 저항 운동을 위해서는 강력한 사이버

작전도 구성해야 한다. 이제 인터넷 기술은 접근성이 매우 좋고 직접적이며 우리 삶의 필수적인 부분이 되어서 코딩 능력이 없는 사람들도 반격할 수 있는 도구를 갖게 되었다.

이에 따라 우리는 이제 DedSec의 부활을 목격하고 있다. 한때 핵티비스트 집단이었던 DedSec은 해커에서부터 길거리 싸움꾼 그리고 그 사이에 있는 모든 사람들과 함께 런던에서 제대로 갖춘 다단계 저항 운동으로 변모했다. 이 모든 것은 가까운 과거에 뿌리를 두고 있다.

# 적극적인 저항

영국에서는 적극적인 저항 단체들이 수년간 극우 운동에 지속적으로 맞섰다. 그 예로는 70년대 파시스트, 인종차별주의자, 반유대주의 국민 전선[NF]이 있다. 1967년 창당한 국민 전선은 지지자를 확보하기 위해 남아시아인의 이주에 대한 외국인 혐오를 부추겼고 신입 회원을 유치하기 위해 집회와 거리 행진을 했다. 그 결과 이들이 지역 선거에서 승리를 거뒀다.

그러나 1974년에 접어들자 한때 위축되었던 시위대들이 극도로 권위주의적인 국민 전선에 반대하는 적극적인 저항 전술을 구사하기에 이르렀다. 같은 해, 레드 라이언 스퀘어 소요 사건으로 알려진 일련의 사건에서 예정되었던 국민 전선의 행진은 반시위대와의 대치 상태를 거듭하다가 끝났다. 이후 1977년 8월, 루이셤 전투라고 불리는 폭력적인 충돌에서 국민 전선 행진 참가자인 또 다른 신나치부대와 4천 명 이상의 반파시스트 운동권의 거대 연합이 맞붙었다. 이 압도

적인 반응은 영국 문화와 정치에서 유의미한 세력이었던 국민 전선이 쇠퇴하는 데 영향을 미쳤다.

미국에서는 1950년대와 60년대에 이루어진 대규모 시민 평등권 운동과 반전 운동으로 적극적인 저항 정치 활동주의의 견고한 핵심이 형성되었다. 이후 1987년 설립된 반인종차별 운동 네트워크[ARA]는 반파시즘의 보루가 되어 신나치와 백인 우월주의 단체의 지역 및 전국 활동에 지장을 주었다. 그리고 오늘날 활동 중인 반권위주의 운동의 선구자가 되었다.

ctOS와 알비온 보안군이 그 어느 때보다 감시에 주의를 기울이며 런던을 변화시키자 이 권위주의 세력에 반대하는 저항군이 조직되기 시작하면서 도시는 벼랑 끝에 서게 되었다.

# 사이버 저항: 핵티비즘의 간략한 역사

'핵티비즘'처럼 변화무쌍하고 변덕스러운 세력의 역사를 단순한 묘사로는 정확하게 설명할 수 없다. 핵티비즘 역사의 많은 부분이 보통 신중하게 설계되어 구전이나 전설, 명백한 허위 정보 안에 감추어져 있다. 이것이 바로 해커 문화의 본질이다.

1992년 처음 만들어진 이 용어는 '해커'와 '액티비즘'이라는 단어를 결합한 것이었다. 물론 많은 핵티비스트가 정치적 또는 사회적 안건을 피력하는 경향을 보이는 해커인 것은 사실이다. 그러한 안건은 유동적이며 개별적인 특성에 맞춰져 있다. 명백하게 반사회적인 측면이 없는 것은 아니다.

사실 '해커'라는 어근은 기술력을 가진 사람이라는 의미도 있지만 좀 더 일반적으로는 강력하게 보호된 시스템이나 네트워크에 무단으로 접근할 수 있는 뛰어난 컴퓨터 기술을 사용하는 사람을 지칭한다. 거의 모든 것이 해킹의 목적이 될 수 있다. 돈을 훔치거나 가벼운 메시지를 숨겨두거나, 협박하거나, 거만한 유명인을 괴롭히는 등 기타 여러 동기가 있다.

그러나 '핵티비스트'에겐 임무라고도 할 수 있는 좀 더 숭고한 이유가 있다. 끔찍한 군사 기밀을 폭로하거나 탐욕스러운 기업이나 부패한 정부의 권모술수에 이의를 제기하거나 인터넷 검열과 통제에 맞서고 공공 서비스의 보안 결함을 이용하거나 정치적 목표를 달성하는 등이 이에 포함된다. 핵티비즘은 "시위, 시민 불복종, 수준 낮은 정보 전쟁을 사이버 공간으로 옮겨 놓은 것"이라고 묘사되었다.

많은 핵티비스트 '소굴'이 지난 30년간 명성(또는 악명)을 얻어왔으며, 절대 가볍게 생각할 수 없다…. 솔직히 나는 그들이 두렵다. 그런데 이들 중 특히 상세히 논할 단체가 하나 있다. 바로 DedSec이다.

# DEDSEC과 ctOS

DedSec은 원래 비교적 수준 낮고 무해한 해킹에 참여했으며 상징적인 조직이었다. 대부분 유메나이 Umenai(암호해독과 사이버 보안 및 메타데이터 정보 수집을 전문으로 하는 CIA 하청업자인 민간군사 기업)의 전 직원이었던 소프트웨어 엔지니어들로 구성된 이 단체는 '경찰협의회'라 부르는 느슨한 리더십을 조직하고 기업의 탐욕과 부패에 맞서 싸우는 일반적인 전투에 전념했다.

그러던 중 2011년 블룸 코퍼레이션은 ctOS라는 AI로 통제하는 놀랍도록 강력한 중앙운영시스템에 대한 최종 품질보증 테스트를 완료했다. 시카고는 교통관제, 대중교통, 교량 및 터널, 전기 통신 등 도시 전체 공공기반시설에 ctOS를 시행한 최초의 주요 도시가 되었다. 그 효과는 하룻밤 사이에 나타났다. 교통량과 통근 시간이 급감했다. 경찰, 소방서와 구급차의 반응 속도가 기하급수적으로 향상되었고 응급실 대기 시간은 절반으로 단축되었다. 그후 몇 주간 ctOS로의 이전으로 행정과 에너지를 엄청나게 절약하며 눈에 띄진 않지만 굉장한 개선을 보여주었다.

시카고에서 ctOS를 채택한 것은 도시를 더 효율적이고 안전하게 개선하기 위해서였다. 핵심 모니터링 시스템이 대규모 감시 네트워크에 연결되어 시카고를 최초의 '빅 브라더' 도시로 만들었다. 알려진 범죄자가 재채기라도 하면 ctOS는 즉시 경찰을 파견할 준비가 되어 있었다. 이보다 훨씬 더 은밀하게 이루어진 작업도 있었다. 얼굴 및 패턴 인식뿐 아니라 행동예측 알고리즘을 사용하여 잠재적 범죄자와 피해자를 찾아내어 굉장한 논란을 불러일으킨 범죄예측 시스템도 ctOS에 포함되었다.

ctOS 배포에 대한 세부사항이 공개되자 DedSec은 새로운 임무를 최우선으로 처리하는 데 동의했다. 바로 이 사이버 거물을 비활성화하고 신용을 떨어뜨리는 것이었다. DedSec의 작전은 다양한 ctOS 시스템을 공격하여 그들의 취약점과… 더 중요하게는 그들의 무서운 빅 브라더 능력을 드러내는 데 집중했다.

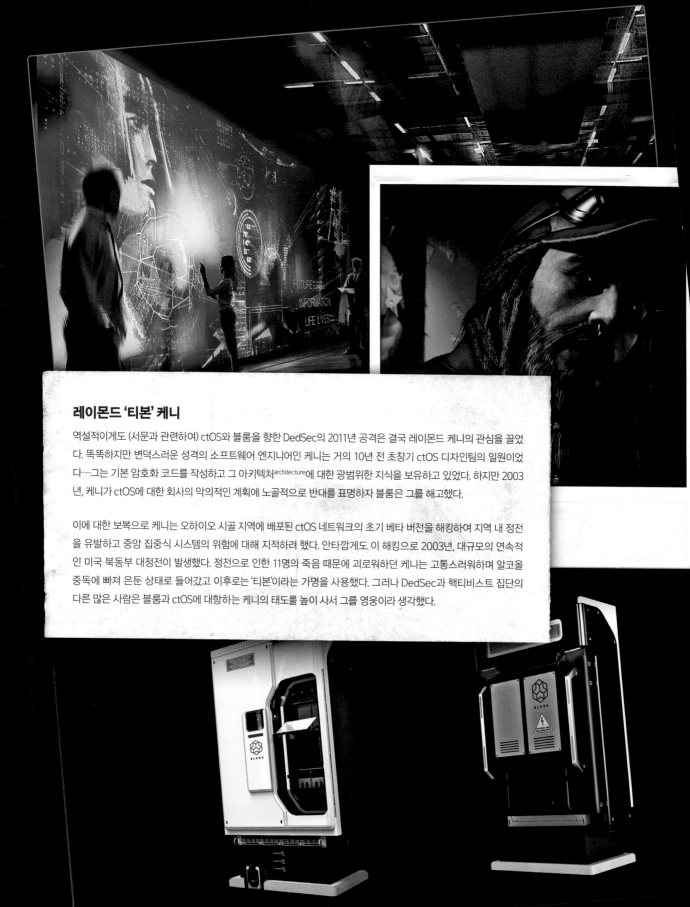

## 레이몬드 '티본' 케니

역설적이게도 (서문과 관련하여) ctOS와 블룸을 향한 DedSec의 2011년 공격은 결국 레이몬드 케니의 관심을 끌었다. 똑똑하지만 변덕스러운 성격의 소프트웨어 엔지니어인 케니는 거의 10년 전 초창기 ctOS 디자인팀의 일원이었다—그는 기본 암호화 코드를 작성하고 그 아키텍처architecture에 대한 광범위한 지식을 보유하고 있었다. 하지만 2003년, 케니가 ctOS에 대한 회사의 악의적인 계획에 노골적으로 반대를 표명하자 블룸은 그를 해고했다.

이에 대한 보복으로 케니는 오하이오 시골 지역에 배포된 ctOS 네트워크의 초기 베타 버전을 해킹하여 지역 내 정전을 유발하고 중앙 집중식 시스템의 위험에 대해 지적하려 했다. 안타깝게도 이 해킹으로 2003년, 대규모의 연속적인 미국 북동부 대정전이 발생했다. 정전으로 인한 11명의 죽음 때문에 괴로워하던 케니는 고통스러워하며 알코올 중독에 빠져 은둔 상태로 들어갔고 이후로는 '티본'이라는 가명을 사용했다. 그러나 DedSec과 핵티비스트 집단의 다른 많은 사람은 블룸과 ctOS에 대항하는 케니의 태도를 높이 사서 그를 영웅이라 생각했다.

시카고에서 이러한 사고가 발생했지만 결국 2014년 블룸 코퍼레이션은 ctOS 2.0 개발을 완료했다. "모든 사람과 모든 것을 연결한다"는 목표로 샌프란시스코 베이 지역, 더블린, 두바이, 서울에서 정교한 업그레이드가 시행되었다. 샌프란시스코의 DedSec 조직이 즉각 관심을 보였고, 그들은 시스템을 표적으로 삼아 공격하기 시작했다. 샌프란시스코의 DedSec 팀은 결국 ctOS를 통해 거둬들인 도난당한 데이터가 세계 금융시장에 영향을 주기 위해 어떻게 조작되고 있는지 발견했다. 이 계획이 노출되면서 블룸의 CTO이자 계획을 지휘했던 두샨 네멕이 체포되었다.

하지만 회사에 대한 후속 조사가 이루어지는 와중에도 블룸은 개발 주기를 늦추지 않고 런던에서 시작한 장기 계획을 통해 유럽에서 ctOS를 출시하기 시작했다. 그 야심 찬 전략은 도시의 CCTV 네트워크를 블룸의 ctOS 클라우드에 연결된 카메라로 대체하려는 계획을 통해 착착 진행되었다. 이는 최소한 겉으로 보기에는 무해해 보였다. 블룸은 처음엔 민간 부문에 집중하여 런던 전역의 중소기업 소유주들에게 접근하여 대폭 할인된 (양도 계약서에 서명하고 장비를 설치하기 위해 필요하다면 무료로) CCTV 장치를 제공하면서 점차 도시 전체에 ctOS와 호환 가능한 깊숙한 인프라를 구축해나간다.

런던에서 견인력을 얻은 블룸은 런던 시장에게 대담한 제안을 했다. 런던의 모든 CCTV 시스템이 블룸이 제어하는 중앙 서버에서 실행되도록 지방정부와 협력하고 싶다는 것이 제안의 골자였다. 이로써 정부 기관은 블룸의 최첨단 머신러닝 및 이미지 인식 시스템을 이용하여 새로운 분석기능을 갖게 되었다. 그 대가로 블룸은 막대한 정부의 보조금과 지원을 받게 되었다. 이 악마의 거래를 보여주는 가장 눈에 띄는 상징이 피츠로비아에 있다. 그곳에서 블룸은 1960년대에 지어진 그 유명한 흉물을 런던 본사, 드론 격납고 그리고 중앙 AI 처리센터로 바꾸었다.

블룸이 요새를 점령하자 나머지는 쉽게 따라왔다. 시의 규정으로 포괄적인 ctOS 드론 감시 네트워크가 마련되었고 기존 데이터 제공업체들은 사업에서 밀렸으며 블룸은 옵틱 장비—소비자 스마트폰 장치를 위한 차세대 대체품으로 위장한 강력한 추적과 데이터 수집 기술—를 선보였다.

오늘날 이 모든 것 덕분에 런던은 전 세계에서 가장 감시당하는 도시가 되었다. 카메라, ctOS의 그림자 데이터, 이식된 옵틱 그리고 1년 365일 24시간 물리적 위치 추적을 통해 런던 시민의 모든 움직임이 파악된다.

그리고 DedSec은 자신들이 거대 기업의 손아귀에 있다는 걸 깨닫는다.

# 런던 검문소에

그들이 너도 감시하고 있다고, 친구.

임플란트를 잠시 동안 비활성화할 방법을 찾아냈어.

나중에 네 방에 잠시 들를게.

밀린 얘기는 만나서 하자고.

\* 루이즈 - 3월 9일, 구스 가든 비스트로

\* 실종 2개월 전

# 오신 것을
# 환영합니다

오늘 밤, 내가 묵고 있는 하프문 레인에 있는 호텔에서 멀지 않은 브록웰 공원에서 국민 전선당이 주최한 반이민자 집회는 위험하게 돌을 집어 던지는 군중으로 변했다.

그때 나는 런던에 거주하는 언론인 동료들과 저녁식사를 마치고 돌아오던 중이었다. 최근 몇 년간 미국 정치 문화의 독으로 가득한 늪을 헤쳐 왔음에도 최근 런던 기자단을 '정부를 감염시키는 반역적인 해충'이라고 지칭한 하원의원의 발언은 충격적이었다.

식사 중에 내 친구들은 자신이 국가의 적이라는 새 지위를 얻었다며 농담을 했다. 그러나 그중 한 명인 GBB의 유명한 취재 기자는 신변 안전에 대한 두려움을 느끼기 시작했다고 인정했다. 그녀는 매일 자신의 사무실 길 건너에서 폭력배들이 숨어서 창문을 쳐다보고 있다고 말했다. 그녀의 수신함엔 악랄하고 위협적인 메모가 남겨져 있었다.

"내 옵틱도 나를 좋아하지 않는 게 분명해." 그녀는 귀 앞쪽 부분을 두드리며 웃었다.

농담처럼 말했지만, 그녀의 표정은 그렇지 않았다. 그리고 다음과 같이 쓰인 쪽지를 밀어 주었다. "그들이 너도 감시하고 있다고, 친구."

저녁 식사 후 택시를 타고 호텔까지 안전하게 가기 위해서 블록웰 공원 집회를 피해 말도 안 되게 뱀 모양처럼 돌아가야 했다. 돌아가는 도중에 엄청난 인파 주변에서 시위자들이 눈에 들어왔다. 그들의 움직임에 대한 무언가, 그들의 에너지가 가진 위협적이고 활동적인 특성이 나를 오싹하게 했다.

그들은 정말 분노하고 있었다.

▾▴▾

…는 그저 미국인일 뿐이고 이 도시의 시대정신에 대해 특별한 잘 알고 있지는 않다. 하지만 분노는 영국 문화와 특별히 잘 어울리는 단어가 아니다. 수년간 런던을 여러 번 방문하면서 뚜렷한 분위기의 변화를 느꼈다. 분명 더 어둡고 성난 분위기가 되어 있었다.

분노는 새로운 매체다. 사람들은 이민자를 향해 분노하며 그들을 '일자리를 훔치는 테러리스트'와 동일시하였다. 마치 어떤 의미라도 있다는 듯이. 사람들은 또한 정부에 대해 분노하고 있었다. 또한 금융, 학군, 연예, 미디어 등 분야에 상관없이 엘리트들에게도. 실제로 그들이 분노를 표하지 않는 유일한 대상은 여왕뿐인 듯 보였다. 나머지 왕실 가족들은 사라져버려도 상관없긴 하지만.

점점 더 많은 사람들이 두려워하고 있으며, 이와 동시에 빅 브라더는 모든 것을 지켜보고 있다.

# 주요 사건 조사

현재 상황에 대해 자세히 알아보기 전에 런던이 어떻게 현재 상태까지 도달하였는지 살펴보는 것이 중요하다. 여기 런던 시민의 자유가 파멸하도록 만든 일련의 사건들을 엄선해보았다.

## 정치

### 해가 진 영국

모든 일은 B로 시작되는 단어, 바로 브렉시트에서 시작되었다. 이에 대해서는 말을 아낄수록 좋다. 2016년 브렉시트 탈퇴가 결정된 이래로 단단히 짜여 있던 영국의 구조가 흐트러지기 시작했다.

###  스코틀랜드 분리

스코틀랜드 정부는 국민투표를 보란 듯이 성공시키고 영국으로부터 분리 독립했다. 영국 국기는 스코틀랜드의 독립을 반영하고 웨일스를 더 부각하기 위해 세인트 앤드류스의 십자가 바탕에 있는 파란색을 빼고, 세인트 데이비스의 십자가에 있는 검은색 바탕과 금색 테두리를 추가했다. 사람들은 이제 새로운 영국 국기를 조롱하듯 '블랙잭'이라고 부른다.

### 아일랜드 내 불화

현재 북아일랜드는 영국에 속해 있지만 일부 사람들은 통일을 위한 캠페인을 벌인다. 아일랜드 신 페인당 여러 당원들은 이메일 해킹으로 노출된 다양한 정치 및 개인적 스캔들 때문에 자리에서 물러났다. 내부로부터 속삭이는 방해 공작이 만연했지만 해킹에 대한 공식적인 조사는 이루어지지 않았다.

### 영국 총리 하사니

최근 데브 하사니 총리는 또 다시 전 세계 외교 순방 중이다. 현지 기자들은 순방이 연장되자 '하사니의 휴일'이라고 부르며 그가 불안정한 국내 정치 상황과 거리를 두기 위해 적극적으로 영국에서 머무는 시간을 피하고 있음을 시사했다. 그런데 그런 그를 비난할 수 있을까?

일부 런던 사람들은 비난하기도 한다. 하사니는 최근 몇 년 동안 권력을 잡았던 모든 무능한 중도파 관료들의 상징이 되어버렸다. 시위대는 런던에 엄습하는 혼돈의 물결을 막을 의지도 없고 막을 능력도 없어 보이는 정부 관리들을 향해 불만을 표현하기 위해 자주 비어 있는 총리 관저 밖에 모여 있다.

# 경제

## 암호화폐의 출현

파운드화가 가치가 10% 하락했고, 잉글랜드 은행은 공식적으로 경기 침체를 선언했다. 수만 명의 영국 국민이 개인 간 거래에서 사용하고 있는 E-토큰(또는 ETO) 암호화폐가 점점 안정화되면서 파운드화에 대한 신뢰가 무너졌다. '크립토', 즉 암호화폐에 대한 대중의 인식이 바뀌고 ETO가 주류가 되었다.

E-토큰 판매회사, 특히 그중 콴타 은행은 파운드화에서 비트코인으로 매우 빠르고 저렴한 전환을 제공하기 시작했다. 그들은 자신이 갑자기 런던에서 가장 자금이 풍부한 금융 서비스 중 하나가 되었음을 알게 됐다.

현금이 많이 있을 때 좀 과시하면 어떤가? 최근 콴타 은행은 수십 대의 E-토큰 현금 지급기를 런던 지역에 설치했다. 의회에서는 그들을 막으려고 했으나 대중들의 강력한 반발로 철회되었다.

암호화폐는 이제 영국 정치의 인화점이 되었다. E-토큰을 불안정한 파운드화를 대체할 수 있는 저렴하고 안정적인 대안으로 보는 사람들과 E-토큰 사용이 영국 경제를 악화시킨다고 생각하여 애국적이지 않은 일이라 생각하는 사람들이 첨예하게 대립하고 있다.

## 특별 경제 구역

재정적인 면에서 빅토리아 스펀지 케이크를 소유하고 먹어치우고 싶어 하던 런던은 '특별 경제 구역'으로 선언되었다. 런던 정부는 이렇게 하면 유럽 정부의 환심을 사서 영국 금융 부문에서 명성을 유지하고 새로운 무역 협정 및 민간사업 거래를 중개할 수 있을 거라 생각했다. 일부 유럽 정부가 경찰, 아니 알비온 국가에 대해 약간의 문제를 안고 있었기 때문에 그 결과는 상이했다.

## 지역 경제가 바닥을 치고 계속 하락하고 있다

불과 몇 년 만에 영국 경제는 '둔화'에서 '불황'으로 그리고 '대공황'으로 악화되었다. 그러나 잉글랜드 은행은 위기를 인정하는 대신 벽에 쓰인 글에도 불구하고 계속 체면만을 유지하려고 하고 있다.

## 대규모 실업 위기

광범위한 긴축 조치로 1만 3천 명에 달하는 공무원이 몇 개월에 걸쳐 해고되었다. 이로 인해 최저임금 보장을 위한 폭력적인 시위가 촉발되었으며, '정리해고의 금요일'이라고 불리게 되었다. 대부분의 국가에서는 보편적인 기본 소득이 그림의 떡이라고 주장하지만, 현재 실업률이 제2차 세계 대전 이전(대공황 기간) 이후 최고 수준에 도달했다는 점을 고려한다면 이상주의자들의 말에 일리가 있을 수도 있다.

# 감시 국가

## CTOS, 유럽에 진출하다

블룸 코퍼레이션은 런던에서 시작된 성급하지만 동시에 굉장히 성공적인 계획인 ctOS 유럽을 출시했다. 그 계획엔 도시 전체 CCTV 네트워크를 개선된 카메라로 교체하기 위한 수십억 파운드 규모의 계약이 포함되었다. 이 카메라들을 블룸의 클라우드에 연결하고 머신러닝과 이미지 인식 시스템을 최대한 활용한다. 1년 만에 시 전체 카메라의 65%가 교체되었고 사설 카메라의 80% 이상이 ctOS 시스템이다. 그 어느 때보다 효율적으로 런던 시민을 감시할 수 있게 되었다.

## 블룸의 런던 내 확장

블룸은 BT 타워를 인수하고 기업 라이선스와 재벌급 개인을 (초기에는) 대상으로 한 새로운 브로드웨이브 고속 서비스를 향후 배포하겠다고 발표했다. 이 프로젝트는 엘리트주의적이라고 크게 비판을 받았으며 새로워진 BT 타워의 모습은 비웃음의 대상이 되었다. (지금까지도)

그 건물이 그들의 가장 큰 야망이었더라면 좋았을 텐데….

## 블룸의 데이터 독점

'사이버 범죄(이런 한물간 표현을 사용하다니)'를 방지하기 위해 소위 엿보기 법<sup>Snoopers' Charter</sup>이 통과되었고 이후 조금 더 엄격한 요건을 갖춰 다시 한번 통과되었다. 이로서 암호화된 모든 이메일/문자 서비스 사용은 영국에서 불법이 되었다. 블룸은 계약을 통해 영국에서 독점 인터넷 서비스 제공자가 되면서 엿보기 법 2.0을 준수하고 암호화된 문자 서비스를 차단하기 위한 장치를 업데이트 하겠다고 약속했다.

# 이민자 격리

브록웰 공원에서 발생했던 혼란스러웠던 집회 이후로도 외국인 혐오자들은 그들의 행보를 이어갔고, 의회는 모든 불법 체류자들이 영국을 떠나야 하는 날짜를 정했다. 이민자를 찬성하는 시위가 발생하자 규모가 더 큰 '이민자 추방' 시위를 벌였다.

한 루마니아 의사와 그의 가족이 추방된 사건이 널리 알려지면서 대중의 관심이 집중되었고 언론은 양분되었다. 인터넷을 통해 강압적인 추방 병력에 대한 소문이 퍼져나가면서 불법 체류자들 사이에서 공포를 불러일으켰다. 갑작스러운 탈출이 이어지면서 공항과 열차는 북새통을 이루었다. 일부는 난민 신청을 하기도 했다.

이야기 자체만큼이나 주목할 만한 점은 이 이야기가 영국 내에서 널리 보도된 마지막 이야기 중 하나라는 사실이다.

# 강제추방자의 위기

## 난민 거부

EU에서 육로를 통한 추방 요구 처리를 거절하기 시작하면서 영국 이민 관리국 직원들은 예상치 못한 난관에 부딪혔다. EU는 유럽에 도착하기 전에 영국 내에서 이 문제들이 해결되어야 한다고 주장했다. 선의의 표시로 서더크에 임시 사무소가 설치되었지만, 금세 감당할 수 없을 만큼 사람들이 몰려왔고, 이번엔 해크니에 위성 사무소를 열었다. 불확실한 이민 상황에 갇힌 이주자들은 두 시설 근처 도로에서 천막생활을 하기 시작했다.

## 케닝턴 오벌 캠프

몇 달 후, 증가하는 이주자들을(영국도 EU도 난민으로 인정하기 거부한) 대응하기 위해 여전히 고군분투 하던 중, 케닝턴 오벌에 있는 엘렉 크리켓 경기장과 임시 임대계약을 맺었다. 크리켓 경기장 선정이 영국의 문화적 정체성에 대한 모욕이라고 받아들인 대중은 이 결정에 대해 분노를 표했다.

초기에는 언론에서 구호물자와 최신식 임시 구조물을 적극적으로 홍보했지만, 크리켓 경기장은 곧 난민 수용소라는 악취 나는 늪이 되어버렸다. 요리하는 도중 발생한 불이 걷잡을 수 없이 번져 외벽 일부가 훼손되면서 모든 인도적 활동의 허울도 사라졌다 (언론에서 사상자에 대한 소식을 다루지도 않았다는 사실과 불길이 복스홀의 밤하늘을 밝힐 때까지 지역 소방대가 대응하지 못한 이유를 들어보면 참 재미있다).

몇 달 후 (내 정보원에 따르면) 조직범죄 단체인 클랜 켈리가 엘렉 경기장 등록 파일을 해킹하여 그곳에 처리되어 있는 모든 사람의 개인 정보에 접근했다. 권력자들은 이 사실을 눈치 채지 못했거나 아니면 신경 쓰지 않았는데, 클랜 켈리가 현재 가장 절박한 난민들을 특별히 대상으로 삼아 착취하고 자신들의 사업을 위해 모집하기 때문이다. 그들에게 오벌은 값싼 노동력을 끊임없이 제공하는 나무와 같았다.

몇 달 전 호주의 한 기자가 케닝턴 오벌 캠프 내부에 2주 동안 잠복한 후 그 안의 비참한 상황을 폭로하는 기사를 썼다. 이 이야기는 전 세계 언론사를 통해 빠르게 퍼져나갔다. 정치계는 강제 추방 활동을 늦추라는 압력을 받았다···. 경기장을 폐쇄하라는 압력이 아니라.

아, 경기장 내 난민들의 삶이 충분히 열악했던 것도 모자라 현재는 영국 애국 전선EPAF이 수용소를 장악하고 있다.

# TOAN

미래학의 귀재라 할 수 있는 스카이 라슨의 작품이자 '모든 국가의 기술' 또는 TOAN으로도 알려진 이 글로벌 콘퍼런스는 새로운 세계의 기술 박람회라고 칭송받았다. 라슨은 '매우 똑똑한 인공지능 문제해결능력'이라는 제목의 기조연설을 하기로 되어 있었다. 런던이 여전히 건재함을 증명하기 위해 영국은 전 세계의 금융 및 기술 엘리트들을 유치하는 데 수백만 파운드를 지출했다. 언론에서는 '귀머거리 TOAN(TOAN Deaf, 음치라는 뜻의 'tone deaf'와 비슷한 발음을 사용하여 비꼬려는 의도로 작명 – 옮긴이)'이라는 적절한 별칭을 콘퍼런스에 붙여 과장되고 현실과 동떨어진 마케팅 활동을 풍자했다. 오늘날 닥친 문제, 예를 들어 주택대란, 빈부격차, 사회초년생에게 닥친 경제 붕괴 등에 대한 혁신적인 해결책을 논의하고 하고자 만든 콘퍼런스였지만 부유층이 어울려 인맥을 넓힐 기회의 장이 될 운명처럼 보였다.

그 이후 비극이 발생했다. TOAN 콘퍼런스 첫날 폭탄이 터지면서 콘퍼런스가 열리던 건물과 블랙프라이어스 다리 일부가 파괴되고 런던 주변에서 연속적으로 폭탄 테러가 발생하면서 막대한 혼란을 야기했다. 엄청난 공격으로 수천 명이 목숨을 잃었으나 스카이 라슨은 살아남았다. 라슨은 홀로그램을 통해 연설을 하고 있었다. 아무도 폭탄 테러가 자신들의 소행이라고 주장하지 않았지만, 언론은 DedSec을 비난하며 그들을 테러리스트 단체로 묘사했다.

같은 날 밤 의회에도 폭탄 공격 시도가 동시에 있었다. 알비온이 그 시도를 저지했고 폭탄범이라 추정되는 DedSec 요원은 교전 중 사망했다. 곧바로 알비온의 인기가 치솟았다. 추가 공격을 막기 위해 더 나은 도시 접근이 필요하다는 주장에 힘입어 알비온은 빠르게 도시에 대한 자유로운 통제 권한을 갖게 되었으며, 런던 전역에 수십 개의 새로운 검문소가 설치되었다.

# GLOBAL BRITISH BROADCASTING (GBB)

그렇다. 우리가 가장 좋아하는 드라마나 멋진 셰익스피어 풍의 악센트를 사용하는 배우들을 공급해주는 GBB가 민영화되어 익명의 외국 투자자 그룹에 팔렸다. 유출된 서류에 따르면 심지어 현재 GBB는 SIRS로부터 편집 지시를 받고 있다.

이 이야기는 전 세계 언론 기관에 알려졌지만 이 사실을 알고 있는 현지인은 거의 없다는 점은 놀랄 만한 일도 아니다.

## 알비온

# 평가:
# 현재 상황

그리 보기 좋은 상황은 아니지 않은가? 서구 문명의 왕권을 상징하는 보석과 같았던 대도시 런던이 스스로 무너지고 있다. 어두운 힘은 어두운 충동을 정상적인 것으로 만들려 하고 있다. 외국인 혐오, 인구 통제, 침입 감시 및 '준수 및 정보 제공'에 대한 압력을 바탕으로 한 새로운 현상이 영국을 휩쓸고 있다. 이웃을 감시하라. 스파이가 돼라. 조국의 순수함을 보호하라.

그렇다. 런던은 자신과의 전쟁 중이며 상황은 점점 더 심각해지고 있다.

## 불쾌한 정치적 문

브렉시트 사태가 오래전 일인 것 같지만, 길고 긴 그림자를 남겼다. 스코틀랜드가 투표 결과에 따라 영국을 떠나서 독립 국가로 EU에 가입하기로 했을 때, 그 변화는 새로운 '블랙잭' 국기의 디자인에 반영되었다. 아이러니하게도 전통적인 유니언잭은 정치적 저항의 상징이 되었고 현재 상황을 비웃는 레지스탕스 예술품이나 보수적인 부모의 심기를 거스르고 싶은 건방진 십 대들이 입는 빈티지 티셔츠에 사용되었다.

한편, 브렉시트의 여파로 영국이 사회 경제적으로 폭락하고 인종차별주의, 극우 정치 및 반글로벌 고립주의라는 치명적인 새로운 변종이 생겨났다. 편집증적 포퓰리즘을 지향하는 미사여구와 인터넷 선동과 선전을 수년간 이용해온 정치적 기회주의자들은 아주 오래된 전략에 의지했다. 바로 '외부인(이민자)'을 희생하고 두려움을 불러일으키는 전략이었다.
목표: 도시의 일상생활을 주도하는 금융, 기술 및 정보 분야에 대한 영향력을 넓혀가는 새로운 보안 국가.

데브 하사니 총리는 현실 정치 방식에 정통한 유력인사들에 의해 쉽게 조종되는 매우 유약한 관료라는 사실이 증명되었다. 사실상 하사니는 해외에서 연달아 '외교순방'을 연장해가며 런던으로부터 도망쳐 있었다. 영국의 민주주의는 정치적 무대에만 국한되어버렸고 대부분의 국회의원은 무능하고 비효율적이거나 현실과 타협한 상태였다.

여왕이 대중 앞에 나타나는 빈도수가 눈에 띄게 줄어들면서 그녀의 건강과 소재에 대한 우려로 이어졌다. 왕실은 현안에 대해 입을 닫은 채 언론이나 기타 행사로부터 모습을 감추었다.

한편, 영국군은 지난 10년간 연속적으로 평판이 좋지 않은 외국 전쟁에 휘말려 공공 재원이 고갈되었고, 알비온과 같이 자국 내 평화유지를 돕는 민간 보안 회사의 필요성이 증가되었다.

# 자동화와 실업

할 일 없는 사람들을 악마의 놀이터라고 한다면 런던은 곧 사탄의 놀이 공원이 될 지경이다. 영국의 실업률은 1930년대 대공황 이래 거의 100년 만에 최고치를 기록하고 있다. 영국의 중산층이 사라지고 사무직이든 생산직이든 직종에 관계없이 런던 내 실업자가 수천 명에 달한다. 그 결과 노숙자 수가 증가하고 있다.

한 가지 이유: 지난 50년 동안 머신 러닝 분야의 괄목할 만한 발전으로 현대 영국의 일터가 완전히 변했다. 생산 직종과 기술 부문의 일자리가 놀라운 속도로 자동화되면서 많은 일자리가 '정리해고'라는 이름으로 사라졌다.

실업이 급속히 확산됨에 따라 이 골치 아픈 역학이 경제의 모든 단계에서 노동자들의 분노를 일으키고 있다. 몇 년 전 트라팔가 스퀘어에서 반테크 집회가 폭력적인 유혈 '정리해고 폭동'으로 변하면서 국가에 대한 불만이 정점에 달했다. 이는 알비온이 상당한 노력을 기울여 시위대를 가혹하게 해체한 덕분이다.

긴축 정책으로 인해 공공 기금 프로그램의 돈줄이 마르면서 풀뿌리 단체와 비영리 단체들은 몰려드는 실업자들에게 안전망을 제공하기 위해 고군분투했다. 교회는 공공서비스를 제공하고 의사와 간호사는 거리에서 치료를 하고 법률가 보조원들은 사건 파일을 가지고 추방 위험에 처한 사람들을 도왔다. 모두 자원봉사자들이 주도하였다. 그럼에도 많은 사람들이 노숙자로 전락하거나 종종 조직범죄 기업과 관련된 위험한 직업을 선택하게 되었다.

# 이민 '위기'

분노하고 고통 받는 노동 계급에 대한 정치적 해결책으로 이민자 추방이 등장하면서 SIRS가 '불법'이라고 규정하여 구금시킨 넘쳐나는 사람들을 관리하기 위해 영국 정부는 송환 처리 센터(본질적으로 대규모 포로수용소)를 열었다. 매일 무자비한 추방 군대에 쫓기는 외국인들은 이미 난민들로 가득 찬 이민자 시설로 이송되고 있다.

영국의 공격적인 이민법 집행에 대응하여 EU는 영국에서 추방된 사람들을 처리하는 절차를 중지했다. 그 결과 포로수용소(아니, '이민자 센터')는 관리가 불가능할 정도로 커지고 있다. 이 중 케닝턴 오벌—간단히 '오벌'이라고도 함—이 가장 규모가 큰데 원래 크리켓 경기장을 추방이 예정된 절망적인 사람들이 몇 달 또는 몇 년 뒤까지 갇힌 채 사건 검토를 기다리려야 하는 지옥 같은 구금 센터로 개조한 곳이었다.

정보원에 따르면 그중 최악인 것은 개인 보안 업체인 알비온과 조직범죄 기업인 클랜 켈리가 이 비뚤어진 상황을 매우 비슷한 방식을 사용하여 자신들에게 유리하게 만들어서 가장 취약한 사람들을 착취하고 있다는 점이다.

완전히 귀화한 이민자 출신의 시민도 유망한 알비온 신병이 될 수 있다고 판단되면 종종 추방 대상으로 지정하여 자진신고 감면과 취업을 제공해주는 것처럼 만든다. 단, 알비온 포획 분대에 서명한 경우에만 가능하도록. 결국 이 조건 때문에 암울한 상황이 발생한다. 새로 합류한 알비온 신병들은 내키지는 않지만 자신과 매우 비슷한 이야기를 가진 사람들을 목표로 삼아야 했기 때문이다.

한편, 클랜 켈리는 절망적인 추방자들을 상대로 위조 서류와 추적 불가능한 암호화폐로 임금을 지불하겠다는 약속을 하고 매우 착취적인 형태의 고용을 제안한다. 이런 거래는 늘 보이는 것보다 더 나쁘다. 수백 명의 사람들은 자신들이 변덕스러운 범죄자 감독관들에게 완전히 종속되어 현대판 계약 노예의 덫에 갇혔다는 사실을 발견한다.

수많은 런던 인구가 이 두 단체와 그들의 전술에 대해 두려워하며 살고 있지만, 그들이 도움을 구할 곳은 거의 없다.

인터뷰 노트: 8/22

런던 검문소에서 온 특전

인터뷰 대상 KS를 채링 크로스 로드 포일스 북카페에서 저녁 8시 30분에 만났다. 그곳에서 그는 '이십만 권의 책에 둘러싸여' 보호받는 느낌을 받았다고 했다.

직위: 레벨 LE-04 이민 등록 직원, 케닝턴 오벌 처리 센터

인터뷰 전체 내용이 포함되어 있으나, 그중 다음 대화로 특전을 시작한다.

루이즈 하트퍼드(LH): '나쁜 일'을 본 적이 있다는 메시지를 남겼더군요. 구체적으로 설명해줄 수 있나요?

KS: 캠프에서 사람들이 사라지고 있습니다.

LH: 탈출하고 있나요?

KS: 아니요. [불안해하며] 사실 처음에는 그들이 탈출해서 도시로 돌아온다고 생각했습니다. 그런데 전혀 아니었어요.

LH: 무슨 일이 일어나고 있는 거죠?

KS: 누군가 사람들을 사들이고 있어요, 하트퍼드 씨. 가축을 사들이는 것처럼요. 가축보다도 못해요, 정말….

LH: 누가요?

KS: 우선 클랜 켈리 사람들이요. 그건, 글쎄… 설명하기가 정말 어려워요. 불법 체류자들을 사서 그들에게 칩을 삽입하고 추적해요.

LH: 요즘은 모든 사람들에게 칩을 삽입하고 추적하지 않나요?

KS: 클랜 켈리에서 하는 임플란트는 종류가 달라요.

LH: 어떻게 다르죠?

KS: [불안한 침묵]

LH: 이걸 다 어떻게 알고 있나요?

KS: 제 등록 감독관이 거래하고 있어요. [섬뜩해하며] 저기요, 제가 그 임플란트를 봤어요, 어떻게 작동하는지도요.

LH: 그래서 그 사람들은 어떻게 되는 거죠?

KS: 일부는 노예가 돼요. 제가 알기론 나머지 사람들은 의학적 목적으로 이용한다고 들었어요.

LH: 의학적 목적이요?

KS: [불안한 눈빛으로 주위를 둘러보며] 그 단어로부터 떠오르는 최악의 시나리오를 상상해보세요, 하트퍼드 씨.

# 반테러와 시민의 자유

몇 년 전, 정리해고 폭동, 뉴캐슬 사건 그리고 극우 페컴 시위와 같은 시민 소요 사태가 발생하면서 영국이라는 예의 바른 사회가 핵심까지 흔들렸다. 2005년 7월 7일 폭탄 테러, 2017년 런던 브리지 및 맨체스터 아레나 공연장 테러 그리고 최근 'OAN 폭탄 테러와 같은 테러 공격에 대한 뿌리 깊은(그리고 꽤 공감되는) 두려움과 핵티비스트 사이버 공격 및 경제적 정의라는 이름의 평화롭고 합법적인 시위를 포함한 국내 소요 사태에 대한 두려움이 곧 혼재하게 되었다. 이로 인해 권위주의적 저항의 대리인들에게 문이 활짝 열렸다.

그리고 그 문을 통해 SIRS가 등장했고, 그들에겐 영국 국가 안보에 대한 잠재적인 위협을 감시하고 차단할 수 있는 압도적 권한이 위임되었다. 자금이 부족한 런던 경찰국은 심각한 쇠락의 길을 걷게 되고 알비온과 같은 민간군사 기업이 런던 지역사회의 치안 유지 활동을 완전히 대체하면서 SIRS는 국가 안보 전선에 있어 사실상 아무 제재도 받지 않게 되었다.

오늘날 내가 런던에서 인터뷰한 모든 사람들은 그들의 모든 움직임이 감시, 기록되고 있다고 예상한다. 솔직히 몇 가지 예외를 제외하면 이 추측은 옳을 가능성이 높다. 이 상황을 찬성하는 사람도 있고 반대하는 사람도 있다. 많은 사람들이 사생활 침해를 두려워하지만, 최근에 트라팔가 스퀘어에서 만났던 전직 택시 기사와 같은 사람들은 SIRS의 감시가 '런던에 몰려드는 더러운 외국 동물들과 테러리스트를 추적할 수 있는 유일한 방법'이라고 생각한다. 위기의 시기에 누가 진짜 불행을 조장하고 있는지에 대해 우리가 얼마나 무지한지 놀라울 정도도 시민의 자유는 영국이라는 버스의 맨 뒷자리에 자리 잡았고, 그 버스의 운전대는 국내 안보가 잡고 있다.

# 범죄, 크립토 그리고 암시장

경제 붕괴로 인한 또 다른 피해자는 영국이 자랑하는 파운드화다. 수 세기에 걸쳐 주요 국제통화였던 파운드화는 이제 충격적일 정도로 가치가 하락하고 있다. 그 결과 가상화폐인 E-토큰(또는 ETO)이 런던에서 단번에 대성공을 거두면서 외화에 대해 안정적인 환율을 제공한다. 파운드화에 작은 변동이라도 생기면 필수품을 살 여력도 없어질 수 있기 때문에 ETO는 오늘날 많은 런던 사람들에게 급여를 늘릴 수 있는 유일한 방법이 되었다.

잉글랜드 은행은 마지못해 ETO를 인정했지만 금융 및 상업 기관은 ETO의 확산을 막기 위해 싸우고 있으며 사이버 범죄에 대한 두려움을 적극적으로 활용하여 암호화폐 거래가 반애국적 행동이라고 낙인을 찍고 있다.
이유: ETO 사용은 추적 불가능한 익명의 거래이며 주머니에서 도난당할 일도 없다. 따라서 위험한 암시장 거래에 있어 현금보다 훨씬 낫다.

이 모든 일련의 사건—광범위한 실직, 전통적인 시장 원리의 실패, 규제받지 않는 암호화폐의 부상—은 번성하는 지하경제의 탄생을 위한 완벽한 인큐베이터를 만들어냈다. 그리고 암시장 거래의 거칠고, 자유롭고 불법적인 특성은 늘 전적으로 다원주의적 본능을 따르는 운영자들의 손에 달려 있는데 그들의 대부분은 조직범죄와 관련되어 있다.

런던의 이스트 엔드 범죄 문화는 시민 사회와 그 시장의 붕괴로 활기를 되찾았다. 많은 수상한 시장 참가자들이 떠오르는 암시장에 뛰어들었는데, 그중 다수는 이전에 합법적 기업이었다. 놀랍게도 새로운 암시장 거래에 있어 주도권을 차지한 것은 전통적인 가족연합체인 클랜 켈리였다.

# 미디어, 선전 그리고 문화

최근 영국에서 사랑받는 GBB TV 및 라디오 네트워크가 민영화된 후 외국의 복합 언론기업에 매각되었다. GBB는 공정한 보도 매체로 남겠다고 주장했지만, 보도 내용은 미묘하게 정치적으로 편향되었다. 특별 기사나 뉴스 헤드라인은 SIRS와 알비온에 대해 호의적 시각을 지닌 안건을 지지하도록 다듬어졌고, 조직 범죄와 국내 테러, 노숙자 및 추락하는 파운드화 등 현재 런던이 지닌 문제점의 심각성을 최소화하였다.

한편 SIRS는 폐쇄형 소셜 미디어 플랫폼 SeeSay를 출시했다. 사용자는 이 앱을 이용하여 의심스러운 활동을 당국에 직접 신고할 수 있으며 그렇게 하도록 자주 권장된다. 플랫폼에 공유되는 모든 이미지와 기타 데이터는 SIRS 요원들이 감시

(때로는 검열)한다. 쉽게 예상할 수 있듯이 이 앱은 핵티비스트들이 가장 좋아하는 사이버 표적이 되었다. 공원과 광장에서 점차 보편적으로 사용되는 3D 홀로그램도 마찬가지인데, 홀로그램을 통해 이웃을 서로 염탐하고 보고하도록 권장하는 '공공 서비스 메시지'가 전달된다.

국가의 선전에 대응하기 위해 딥 웹 해적 방송이 등장하여 SIRS와 영국 기관의 감시 범위를 벗어난 곳에서 운영되고 있다. 불경하고 재미있고 종종 꽤 선정적인 해적 라디오는 런던 사람들이 기업의 이익이나 SIRS의 검열에 의해 오염되지 않고, 있는 그대로의 솔직한 의견과 음악을 들을 수 있는 마지막 매체가 되었다.

# 도시 배치도

이슬링턴 & 해크니
자치구
**ISLINGTON
& HACKNEY**
BOROUGH

캠던
자치구
**CAMDEN**
BOROUGH

타워 햄리츠
자치구
**TOWER
HAMLETS**
BOROUGH

시티 오브
런던
**CITY OF
LONDON**

시티 오브
웨스트민스터
**CITY OF
WESTMINSTER**

서더크
자치구
**SOUTHWARK**
BOROUGH

램버스
자치구
**LAMBETH**
BOROUGH

원스워스
자치구
**WANDSWORTH**
BOROUGH

# 웨스트민스터

웨스트민스터는 영국 권력과 관료주의의 상징과 같은 장소다. 그래서 SIRS는 체면을 유지하기 위해 우선적으로 이 지역을 장악하려 했다. 알비온 검문소와 순찰대가 거리를 막고 있고 감시기 만연해 있다. 의회나 총리 관저, 트라팔가 스퀘어와 같은 주요 장소 주변에서는 여전히 정치적 시위가 활발히 벌어지고 있다.

그러나 이곳의 주민들은 TOAN 폭탄 테러와 그 결과 SIRS에게 부여된 대대적인 권한 확대의 영향으로 가장 먼저, 가장 엄격한 단속의 대상이 되었다. 많은 웨스트민스터 사람들은 암울한 교훈을 배웠다. '당국으로부터 원치 않는 관심을 받아야 하는 다음번 표적이 되고 싶지 않다면 눈을 아래로 깔고 입을 닫아라.'

## 주목할 만한 장소
### 런던 경시청

영국에서 가장 충실한 경찰 전초기지조차도 알비온에 의해 난처한 상황에 처했다. 민영화된 보안 그룹이 도시를 보호한다는 빌미로 점점 더 광범위한 계약을 체결하면서 런던 경시청의 조사 및 법의학 기능의 대부분을 장악했다. 알비온 직원에 의해 정리해고 당한 많은 경찰들이 피켓 라인을 구축했다. 그들의 시위를 통해 알비온이 런던에서 지역사회 치안의 개념을 얼마나 도려내었는지에 관해 약간의 대중적 관심과 지지를 끌어낼 수 있었지만, 내가 보기엔 그 영향이 너무 미미하고, 너무 늦었다.

### 런던 자율 운송 서비스

런던의 블랙 캡 서비스의 변화를 통해 어떤 것도 신성하지 않다는 사실이 증명되고 있다. 한때 블랙 캡 운전사들은 재치와 입담으로 관광객들을 매료시킬 수 있는 (적어도 팁을 받을 수 있는) 능력과 묘한 신속함과 요령으로 런던을 돌아다닐 수 있는 '지식'을 소유한 것으로 유명했다. 오늘날 이 모든 것이 사라졌다. 블룸은 ctOS를 기반으로 한 중앙 교통 통제 인공지능의 형태로 만든 자체적인 지식을 탑재시켜 차량을 감시하고 블랙 캡을 포함한 범위 안에 운행 중인 모든 차량을 조종할 수 있도록 만든다. 이 첨단 기술 정비소는 웨스트민스터 중심부에 위치하여 정비된 무인 블랙 캡을 위한 주요 서비스를 제공하고 주차장 역할을 한다.

### 워커스 코트

워커스 코트의 화려한 네온사인은 웨스트 엔드의 방랑자들이 즐기고 싶어할 만한 특별한 흥미 거리를 제공하는 모든 클럽과 상점을 광고하고 있다. 이곳은 피카딜리 서커스나 레스터 스퀘어와 같은 인근 지역보다는 알비온 순찰대가 덜 상주하는 몇 안 남은 장소 중 하나이기 때문에, 이 지역의 초라한 명성은 필요한 연막을 제공해왔다. 이곳 골목 근처 어딘가에 DedSec이 모인다는 소문도 있다.

# 캠던 타운

캠던 타운은 사회 변두리에 사는 사람들에게 문화적 안식처로 오랫동안 알려져 왔기에 이곳에서는 저항이 여전히 일어나고 있다. 최근 이 지역은 알비온에겐 눈엣가시 같은 존재가 되었다. 전체적으로 순찰을 강화했지만, 이곳 주민들은 쉽게 겁을 먹지 않는다. 이곳에서 쉽게 발견할 수 있는 알비온에 반대하는 예술과 벽화에서처럼 지역 주민들의 얼굴에서 반란의 징조가 역력히 보인다.

## 주목할 만한 장소

### 캠던 시장

한때 활기 넘치는 시장이었으나 현재는 위험한 장소로 악명이 높아지면서 관광객들은 잘 찾지 않는다. 클랜 켈리는 오래된 마구간을 철저한 감시를 받는 암시장으로 바꾸었는데 이곳에서 구매자들은 자동 무기에서부터 인간 장기에 이르기까지 무엇이든 찾을 수 있다. 런던 내 다른 클랜 켈리의 많은 범죄 은신처와 마찬가지로 캠던 시장은 당국이 해결할 수 없거나 해결하기 꺼리는 공공연한 비밀이 되었다.

### 블룸 타워

런던 피츠로비아 인근에 위치한 블룸의 새로운 본사는 도시 경관 위로 우뚝 솟아 있다. 블룸이 그 건물을 인수한 것은 목을 죄여오는 ctOS가 결국 런던의 모든 디지털 통신과 인프라를 장악할 것이라는 걸 보여주는 굉장히 눈에 띄는 첫 상징과 같았다. 블룸 타워는 단순한 통신 안테나가 아닌 기업 캠퍼스와 연계된 기술 복합공간이 되었다.

### GBB 하우스

메릴본 지역에 위치한 영국인들의 사랑을 받는 방송국의 전통적인 본고장이라 할 수 있는 GBB 본사는 공정하고 편견 없는 뉴스 보도 및 엔터테인먼트 미디어 제작의 요새라 일컬어졌다. 그런데 이 명성은 최근 사라졌다. 다양한 소식통에 따르면 민간 기업이 GBB의 재정을 통제하게 되면서 조직 내 모든 분야에서 편집에 영향력을 뻗치고 있다고 한다. 평범한 사람들도 GBB 보도에 변화가 있다고 얘기하고 있으며, 국영 언론의 대변인으로 위험하게 바뀌고 있다.

### 리젠트 파크 병영

북아프리카에서 활발하게 지상전을 벌이는 바람에 전면적인 긴축 조치를 취하게 되면서 영국군 재정이 심각하게 부족해졌다. 이런 상황으로 인해 알비온은 영국의 보안 기관으로서 역할을 확장해가며 수익성 높은 계약을 맺고 귀중한 자산을 확보할 수 있는 많은 기회를 얻게 되었다. 리젠트 파크 병영을 차지한 것은 알비온이 자신에게 유리하게 상황을 활용한 여러 방법 중 하나에 불과했다. 걱정스러운 소문에 따르면 이 장소는 알비온이 도시 내에서 불법 구금시설로 활용하기에 특히나 유용하다고 한다.

### 카르카니 메디컬

미국의 거대 제약 회사인 카르카니는 최근 영국 웰빙 산업에 많은 투자를 했다. 그중 일부는 대중들은 모르게 로비스트와 정치인들에게 전달되었다. 나머지 투자금은 의료 용품이나 장비를 위한 자동화된 창고와 같이 확연히 드러난다. 전문가들은 이런 활동이 민간 기업이 영국의 의료 시스템을 완전히 민영화하기 위해 열심히 노력하고 있다는 또 다른 신호라고 지적한다. 카르카니는 일괄 공급을 대안으로 제시하며 시장에서 신중하게 포지셔닝해 기존 시스템을 적극적으로 약화시키고 있다.

# 해크니와 이슬링턴

현재 이 지역은 사회적 변두리와 현대적 재개발 사이의 전환기에 멈춰 서 있다.

## 주목할 만한 장소

### 네오게이트

네오게이트의 창업자들은 스스로를 차세대 스타트업 거물이라고 생각했다. 원래 대학에서 프로젝트에 불과했던 이들의 기술은 벤처 캐피탈 펀딩 희망 목록의 최상위에 올랐다. 이 젊은 창업자들은 업계의 모든 거대 기술 기업들의 인수 제안을 거절해가며 한 민간 기업으로부터 엄청나게 후한 제안을 받아들였다. 그들이 그 기업의 정체를 정확히 알고 있기만 했더라면…. 네오게이트에 대해 조사해본 결과 조직범죄자들과 강력히 연결되어 있음을 알게 되었는데, 그들은 원래 창업자들조차도 접근할 수 없는 보안 지역에서 자신들의 기술을 개발하고 있는 것으로 보인다. 그곳에서 무슨 일이 벌어지고 있는 건지는 겨우 상상만 할 수 있을 뿐이다.

### 핀즈베리 신규 프로젝트

만약 당신이 런던에서 조직적인 범죄 기업을 운영하려고 한다고 가정해보자. 어떻게 대중의 눈에 띄지 않으면서 운영할 수 있을까? 만약 당신이 클랜 켈리의 일원이라면 건설 현장이 총기 거래를 위해 재고를 보관하고 보호하기 위한 완벽한 장소라는 것을 깨달았을 것이다. (물론 가정일 뿐이다.) "그럼 노동자라면 어땠을까?"라고 물을지도 모른다. 프로젝트를 중단시킬 이유를 찾고 (런던은 이미 공사 중단에는 익숙하다) 작업이 중단된 상태가 계속되도록 가능한 한 많이 불필요한 작업들을 만든다. 핀즈버리 작업장은 정말 많은 화물 트럭이 들락거리는데도 신기하게 몇 달 동안 건축 작업은 진행되지 않는 건설 프로젝트의 한 예다.

### 스태퍼드 차량 정비소

'우리 모두 자율로' 캠페인에 포함된 다양한 법 제정 신청과 보조금은 스태퍼드 가족처럼 개인 정비소를 운영하는 사람들에게는 굉장히 큰 혜택이다. 몇 달에 걸쳐 보험이 중단되면서 운전자들은 차량에 센서 부품을 장착하여 자율 주행이 가능하도록 만들었다. 하지만 새로운 법안에 따라 ctOS 준수가 의무화됐다. 하루아침에 스태퍼드 차량 정비소 같은 개인 정비소들은 최신형 독일제 로드스터부터 잔뜩 녹이 슨 '클래식' 차량에 이르기까지 블룸에서 제공한 센서 장비를 설치하려는 수요가 급증했다. 클래식 차량들이 덜뜩덜뚝 소리를 내며 자율주행하는 모습은 여전히 충격적이다. 하지만 스태퍼드 차량 정비소의 횡재는 오래가지 못했다. 새로 벌어들인 현금을 잘 투자하지 못해서 클랜 켈리의 계략의 또 다른 희생자가 되고 말았다.

### 미래의 세계

눈앞에서 도시가 무너져 내리고 있다고 해서 런던 사람들이 놀고먹을 장소를 찾지 못한다는 의미는 아니다. 월드 오브 투모로우와 같은 소셜 핫스팟은 악몽 같은 일상을 잊을 만큼 충분히 먹고, 놀고, 취하고 싶은 사람들을 위해 폭풍 속에서도 여전히 앞장서서 피난처를 제공하려고 노력하고 있다. 그런데 클랜 켈리 일당들이 이곳의 닫힌 문 뒤에서도 은밀히 거래를 하고 있다는 사실을 알게 된다면 놀랄 사람이 있을까? 왠지 모르겠지만, 없을 것 같다.

# 타워 햄리츠

알비온은 런던 지역을 보호하기 위해 정부 계약을 모조리 주워 담으려 하고 있지만 이런 노력에도 한계는 있다. 비즈니스적인 측면으론 빠르게 인력을 배치하고 상비군의 하드웨어 가치를 확보하기 위해 노력했지만, 전술 지휘관들은 특정 지역에 먼저 자원을 배치했다. 그 결과 알비온 순찰과 치안활동이 다른 지역에 집중되면서 타워 햄리츠 같은 곳은 안전하지 않은 상태로 남게 되었다. 이로 인해 알비온의 억압을 피하고자 하는 사람들에게 타워 햄리츠는 피난처가 될 수 있었지만 동시에 치안 부족으로 가장 야비한 종류의 범죄자들이 착취하기에도 좋은 장소가 되었다.

## 주목할 만한 장소

### 런던 타워

살아 있는 우리 중 대부분은 런던 타워를 주요 군사 자산이라기보다 학창 시절 수학여행 장소로 기억할 가능성이 크다. 오늘날 모든 것이 바뀌었다. 런던에서 알비온의 존재가 커지면서 중앙 본사에 대한 필요성도 커졌다. 그들이 눈길이 가장 눈에 띄고 충격적인 장소에 닿았다. 바로 런던 타워였다. 관광객들이 대기하던 줄도 경비원들도 사라졌다. 빅토리아 시대 이전부터 시작해서 처음으로 장소 전체가 대중에게 공개되지 않게 되었다. 알비온은 성벽 뒤에 숨어 런던 타워를 가장 어두운 시절로 되돌렸다.

### 베스널 그린 경찰서

베스널 그린 경찰서는 오늘날 런던의 다른 지역과 마찬가지로 실제 경찰보다는 알비온 계약 직원들이 더 많이 배치되어 있다. 이곳의 변화 속도가 대부분의 다른 지역보다 느리기는 했다. 알비온 직원들이 처음 출근했을 때, 이곳 지역사회와 노동자들은 이에 반대하여 항의했지만 알비온은 기쁨에 젖어 자금줄이 조금씩 조여오는 일 따위는 신경 쓰지 않았다. 결국 베스널 그린 경찰서의 요구사항은 가장 뒷순위로 밀려나게 되었고 가끔은 완전히 무시되기도 했다. 점차적으로 요구사항이 즉시 처리되는 경우도 생겼지만, 여전히 알비온 경영에 있어 가장 자금이 부족한 곳 중 하나다.

### 알비온 드론 시설

런던의 화려하지 않은 골목에 위치한 알비온 기지들 중 하나인 이곳은 알비온의 무기화된 드론 함대 대부분을 유지 관리하는 시설이다. 한때 근처 운하를 통해 야간에 드론을 작업장으로 비밀스럽게 옮기기도 했으나, 이제는 그럴 필요가 없다. 알비온은 이곳에서 항상 드론 작업을 할 수 있어 만족한다.

### 화이트채플 종착역

긴축 정책으로 인해 역 활성화 계획이 중단되었다. 의회에서 자금을 제공할 기미가 몇 주간 보이지 않자 화이트채플 종착역은 서서히 오늘날 런던에서 생존하려 애쓰는 수많은 노숙자들의 임시거처가 되어가고 있다. 안타깝게도 클랜 켈리가 도시의 다른 많은 고통을 이용해왔던 것처럼 이번에도 이곳에서 기회를 포착했다. 그들이 노숙자들을 위장시키고 시내 중심가에서 약간 떨어진 곳에 가게를 차리고 들락날락하며 처벌받지 않고 불법적인 사업을 벌이는 모습이 목격되었다.

# 시티 오브 런던

실제 신탁 권한의 대부분이 런던을 완전히 떠나 유럽과 그 너머에 있는 더 안전한 요새로 옮겨갔지만, 시티 오브 런던은 여전히 런던의 금융 중심지다. 비록 오래전 끝나버린 영화롭던 시절에는 미치지 못하지만 도시 생활의 번잡함이 여전히 이곳에서 윙윙거리고 있다. 한편, 한때 시티 오브 런던 주변을 둘러싼 미묘하지만 단단한 장벽으로 구성되어 있던 '철의 고리'는 이제 런던 전역의 도로를 감시하는 값비싼 보안 극장인 알비온 검문소의 형태로 확산되었다.

## 주목할 만한 장소

### 센터 어폰 템스

런던의 몰락이 이곳에서 시작된 것은 아니지만 센터 어폰 템스 전시장에서 열린 TOAN 공격으로 현재의 슬픈 상황이 가속화되었다는 점에는 많은 사람이 동의한다. 영국 언론이 국제기술 행사를 '귀머거리 TOAN' 회의라며 신나게 조롱했고, 그들의 조롱은 어쩌면 당연하였다. 긴축 경제와 경제적으로 더 안전한 국가에서 일하고 싶어 하는 영국의 많은 숙련된 엔지니어들이 해외로 빠져나가면서 런던이 최근 몇 년간의 하락세에도 보여 왔지만, 영국 기술 회사들은 지적이고 재정적으로 우위에 있다는 이미지를 보여주기 위해 국제적인 행사라고 할 수도 없었던 TOAN을 개최하여 절박한 노력을 펼쳤다. 그러나 주요 기조연설 장소가 충격적인 공격으로 파괴되었을 때 잠시 조롱은 멈추었다. 여기서 발생한 피해는 건물 자체에 국한되지 않았다. TOAN 공격은 그러잖아도 불안했던 안보에 있어 마지막 지푸라기와 같았고 의회는 신속하고 단호한 대응을 취해야 한다는 압력을 느꼈다. SIRS와 알비온은 자신을 그 부름에 응답할 적임자로 소개할 수 있어 너무 기뻤다. 안타깝게도 그 이후의 벌어진 상황은 그저 역사의 일부에 그치지 않고 우리의 암울한 현재가 되었다.

### 잉글랜드 은행

오늘날 잉글랜드 은행에서 일하기 위한 가장 중요한 자격은 아마도 주변에 있는 벽에 적힌 글을 냉정하게 무시할 수 있는 능력이라 할 수 있다. 전문가들은 잉글랜드 은행이 몇몇 현실을 더 빨리 인정하고 대응하면 영국의 경제적 고통은 최소화될 수 있다고 지적했다. 예를 들어, 잉글랜드 은행은 수개월 동안 이어진 E-토큰의 천문학적인 급상승을 인정하지 않았다. 파운드화가 불확실한 시기에 안정을 위해 고군분투하는 동안 ETO 공급자들은 '도시 전역에서 신속하게 사업을 진행하고 있었다. 파운드화의 급격한 변동에 힘입어 암호화폐는 주변에서 주류 화폐로 옮겨갔다. 이웃들이 일주일 후 감자칩이라도 사려고 애쓰고 있을 때 거래 실적이 좋은 날 ETO에 투자해둔 사람들은 식료품을 살 수 있었다.

### 바비칸 센터

바비칸의 독특한 브루탈리즘 건축물을 좋아하든 싫어하든 최근 몇 달 동안 센터에 생긴 변화에서 좋아할 만한 부분을 많이 찾아내기란 어렵다. 이곳의 작은 아파트 블록은 송환 처리를 기다리고 있는 잠재적인 이민자들을 위해 따로 마련된 임시 거처였다. 알비온은 바비칸에 사는 다른 주민들을 대신하여 보안에 대한 우려를 주장하며 감시초소를 세웠고 이후 한때 아름다웠던 센터의 안뜰을 차지해버렸다. 임시 거처가 생긴 이후로 기존 주민들이 강도를 당하거나 괴롭힘을 당했다고 알비온 대변인은 주장했다. 물론 나는 이 주장에 대해 살펴보았지만 뒷받침할 만한 증거를 전혀 찾지 못했다. 이 정도 되면 놀란 척하기도 어렵다.

# 주목할 만한 장소

## 타이디스

미국의 로봇공학 거대기업이 캐나다 워터에 영국 본사를 열었을 때, 사람들은 실리콘 밸리 회사가 또 하나가 과도하게 기술 캠퍼스를 만들어 확장하는 것이라고만 생각했다. 그들이 주로 고용하려고 하는 공대 졸업생 중 다수는 런던에 머물며 일하기보다는 영국을 떠나기로 선택했기 때문에 이러한 움직임은 특히나 비합리적으로 보였다. 일부 문서가 유출되면서 타이디스의 기술과 그 유명한 드론 및 로봇 공학 기술을 통해 영국을 감시하려는 투자가 증가한 사실 사이에 직접적인 연관성이 있다는 사실이 명확해졌다.

## 넥서스 타워

알비온의 사업 개발 부서는 최근 런던에서 가장 눈에 띄는 스카이라인 랜드마크 중 하나에 둥지를 틀었다. 이렇게 매우 이상적인 장소에 위치한 사무실 공간에서 알비온의 최고 비즈니스 분석가와 전략가들이 회사의 로드맵을 그리고 있다. 그들의 생각대로 진행된다면 알비온의 무력은 곧 재정적, 정치적 영향력과 맞먹게 될 것이다. 소름끼치는 일이지만 그나마 나이젤 카스가 회사 성장 초기에 외부에서 자금을 끌어들이면서 만들어진 긴 채무자 목록이 내게 위안을 준다.

## 시청

런던 시장이 전투에 휘말렸다는 말은 절제된 표현이라 할 수 있다. 시장 사무실은 지역사회 보호에 실패했다는 비난을 받으며 수년간 심한 공격을 받아왔다. 이러한 불만이 가득 찬 어조와 이해관계가 빠르게 증가하고 있다. 몇 년 전까지만 해도 확인되지 않은 젠트리피케이션이 가장 심각한 불만인 것처럼 보였지만, 급속히 퍼져가는 범죄를 통한 착취, 강압적인 치안, 편재해 있는 감시 그리고 불안정한 재정으로 인해 수많은 불만이 생겨났고 런던 사람들은 매일 시장 사무실에서 불만과 욕설을 쏟아놓았다. 알비온은 시장 주변에서 지속적으로 경호하라는 요청을 받았지만, 시장에 대한 대중의 인식에는 조금도 도움이 되지 않았다.

## AYW 수입 업체

클랜 켈리는 불법 상품을 이동하기 위해 유령회사를 설립해서 언론을 통해서는 표면적으로 합법적인 것처럼 보인다. 심지어 최근엔 너무 담대해져서 이런 위장한 모습의 일부와 자신들이 관련되어 있다는 사실조차도 거의 숨기지 않는다. 예: AYW 수입 업체는 표면상으로는 영국과 네덜란드 사이의 수로를 통해 상품을 운반하는 수출입 비즈니스다. 그들의 주요 창고는 테이트 모던 미술관 바로 건너편에 있는데 관광객들이 유명 작품들이 AYW 상자 안에 포장되고 있는 사진을 우연히 찍었다. 소셜 미디어에 등장했던 사진들이 알려지지 않고 넘어갔다고 말하고 싶지만 그건 사실이 아니다. 게시된 사진들은 감쪽같이 사라져버렸다. 누군가 알아차린 것이 분명한데 기술에 정통한 클랜 켈리 사람의 소행인지 기술 업계에 있는 강력한 동맹의 소행인지는 알 수가 없다.

# 원스워스

화려하게 재개발된 템스의 나인 엘름스 지역에는 고층 사무실, 대사관, 아파트 건물이 즐비해 있고, 부동산 개발자들에게는 런던의 미래를 향한 꿈과 같은 곳이었다. 결국 꿈은 이루어졌다… 거의. 지난 10년간 인근 지역의 다양한 건설 프로젝트에 수십억 파운드의 자금이 쏟아졌고, 그 이후엔 3개의 프로젝트… 그러다 아무것도 진행되지 않았다. 영국이 국제 사회에서 벗어나기 시작하면서 외국

기업과 투자자들은 당연히 초조해지기 시작했고 이 프로젝트 중 다수는 갑자기 자금이 끊기거나 중단되었다. 원스워스 지역 고급 아파트의 심각한 공실률 같은 증거가 있지만 알려지지 않았다. 핌리코와 원스워스를 연결하기로 한 다리의 골격이 절반 정도만 완성되는 등 중단된 프로젝트들은 흉물스러운 모습으로 영국의 경기 침체의 여파를 확연히 일깨워주고 있다.

## 주목할 만한 장소

### 배터시

1950년대 이곳에서 일했던 광부들이 오늘날 어떤 생각을 할까? 산업 랜드마크에서 화려한 쇼핑 갤러리로 탈바꿈한 새로 디자인된 배터시 지역은 개발자들이 꿈꾸는 나인 엘름스 지역의 모습을 가장 잘 상징하고 있다. 겉으로 보기에는 대중을 위해 만들어진 쇼핑센터로 보인다. ('대중'이란 적어도 최고급 명품을 살 수 있을 정도의 충분한 소득이 있고, 달갑지 않은 사람들은 받아들이지 않으려는 광범위한 보안 감시를 통과할 수 있는 사람들을 의미한다.)

### 태양 정원

태양 정원엔 런던을 여행할 때마다 항상 나를 미소 짓게 하는 아름다운 무언가가 있다. 이곳은 추락하는 파운드화와 변덕스러운 투자자들 때문에 중간에 개발이 멈춰버린 수십 개의 야심 찬 건축 프로젝트 중 하나다. 반쯤 설치되다 만 수목원 바닥은 완성되지 않은 창문과 비계 바깥쪽으로 무성히 뻗어 나가 자라나기 시작하면서 서서히 자연의 일부가 되어가고 있다. 내가 들은 바에 따르면 이곳을 차지한 것은 대자연만이 아니었다. 어떤 범죄 기업의 직원들이 밤에 이곳을 드나드는 것이 목격되었다. 너무 흔하게 반복되는 일이다.

### 파슬 폭스 물류센터

파슬 폭스 창업자들은 운 좋게 담합을 이루어냈다. 물론 사실을 파악하기 어려운 이야기이지만, 그들이 누구와 관련되어 있는지 보도를 열심히 찾아보고 있다. 그들이 만든 거대 드론 시설은 작은 스타트업의 역량을 훨씬 뛰어넘은 것처럼 보였고, 처음 설립되었을 때는 긱 경제 파티를 하기에는 너무 늦었다 생각했다. 어찌됐든 파슬 폭스는 현재 드론 항공 관제법이 도입되면서 런던 영공에서 상업용 드론을 운행할 수 있는 유일한 라이선스 중 하나를 확보했다.

### MI-6 빌딩

TOAN 폭탄 테러 이후 SIRS는 진정으로 최고 영국 정보기관이 되었다. 전면적인 명령을 통해 임박한 공격 징후에 대한 국내외 모든 신호를 감지하면서 그들은 상상도 할 수 없는 일을 해냈다. 바로 그들의 영향력으로도 흔들리지 않을 것처럼 보이는 강력한 기관들을 빼앗는 것이었다. 이중 가장 충격적인 상징과 같은 사건은 바로 MI16 빌딩을 차지하여 SIRS 문장을 대신 새긴 것이었다.

### 나인 엘름스 부두

TOAN 폭탄 테러가 발생한 지 얼마 지나지 않아 알비온은 세력을 과시하고 싶어서 개조한 바지선으로 템스강을 뒤덮어버렸다. 알비온 표시를 붙이고 전투 드론을 실은 바지선들은 이후 며칠간 상징적 이미지로 전 세계 언론을 장식했다. 알비온에게는 비용이나 시선 따위는 상관없이 런던을 보호하기 위한 메시아적 세력으로서의 그들의 역할을 확보하는 데 필요한 힘을 과시하려는 쇼에 불과했다. 이곳 시설은 알비온의 이후 수중 작업을 위한 상설 기지가 되었다.

# 램버스

관광객 친화적인 템스 강가는 브릭스턴이라는 문화적 활력으로 전환되고 있다.

## 주목할 만한 장소
### 브릭스턴 배리어 블록 사유지

다른 많은 사회 프로그램과 마찬가지로 이 공영주택단지 점검은 좋은 의도로 시작되었다. 점점 더 많은 주민들이 거주에 어려움을 겪으면서 이 단지의 부지는 그들을 따뜻하고 안전하게 보호하기 위한 모듈식 쉼터로 새로 정비되었다. 그러나 이 쉼터는 점점 더 일시적인 장소에서 영구적인 장소가 되어가고 주민들이 겪는 어려운 생활환경은 더욱 악화되고 있다.

### 엘렉 그라운드

유명한 크리켓 경기장이 증가하는 '처리'(보통은 추방을 의미한다)를 기다리는 런던 사람들을 위한 대규모 주거 센터로 개조되었다는 사실은 매우 놀랍다. 이곳에 거주하는 사람들과 가족은 그들의 신분이 명확해지기 전까지 몇 주든지 연장될 수 있는 법적 림보에 갇혀 있으며, 그 동안에는 영국에서 일을 하거나 자유롭게 이동하는 것이 크게 제한된다. 정부 입장에서는 '난민'이라는 단어를 사용하길 원하지 않지만, 이 말 외에는 이곳에서 처리를 기다리는 사람들을 설명하기에 적절한 표현을 생각해내기 어렵다.

### 템스 산책로

'블랙잭' 국기의 새로운 디자인이 처음 소개되었을 때 영국 전역에 걸쳐 강한 반발이 있었다. 하루아침에 전통적인 유니언잭은 저항의 상징이 되었고 #UnionsFlight 시위를 통해 이런 정서는 절정에 달했다. 수천 개의 블랙잭 국기가 공공건물에서 찢겨나갔고, 직접 만든 유니언잭으로 교체되었다. 그러나 엄격한 시행 법(내 생각에는 노골적인 민족주의적 선전 캠페인으로 보인다)에 따라 도시 전역의 중고 상점에서 판매되는 조잡한 관광 기념품에 이르기까지 유니언잭의 모습은 사라졌다. 그래서 템스강 산책로의 상인들이 대단하다고 하는 것이다. 작은 쇼핑센터에서는 반복되는 벌금과 체포에도 굴하지 않고 블랙잭 국기로 대체하는 것을 거부했다. 하지만 그들이 얼마나 버틸 수 있을지는 의문이다.

### 이스트롬 버스 터미널

무인 택시가 그들이 사랑하는 블랙 캡을 대체하는 것을 보고 런던 사람들이 경악했다면, E-스트롬이 R&D 정비소에서 일하는 것을 볼 때까지 기다려보자. 이 기술 기업은 상징적인 빨간 버스를 대체하기 위해 조용히 노력하고 있다. (이는 정부가 추진하는 또 하나의 수익성 높은 현대화 계획이다.) 이 프로젝트는 블룸으로부터 엄청난 지원을 받고 있으며 ctOS 규정을 준수하는 기술을 포함하여 런던 사람들의 삶과 습관에 대한 더 많은 정보를 기술 대기업과 그들의 파트너에게 직접 전달할 것이다.

### 리크 가

워털루 아래에 있는 이 도로 터널은 주류 관광객들 눈에는 잘 보이지 않을 수도 있지만, 모든 거리 예술가들에겐 런던 순례에 있어 주요 목적지 중 하나다. 오늘날 경제 불황이나 알비온의 가혹한 집행 프로토콜로 인해 갈 곳을 잃은 런던 사람들에게 거주할 곳을 지원하고 도움을 주려는 사회적 프로그램을 위한 수많은 임시 기지 중 하나다.

데이비드에게

나는 우리 집 사무실에 있는 플렉시 글라스 아래에 보관하고 있던 오래된 로열(Royal) 설명서에
이 편지를 쓴다. 나의 아버지는 여기에 첫 소설을 쓰셨지…. 완전한 실패작이었지만 말이야.
(어쨌든 설명서는 계속 보관하셨어.) 아버지가 이 기계를 좋아하신 이유는 아래쪽에 공장 도장이
찍혀 있기 때문이지. 'Made in Hartford, CT, USA.'

개인적인 이야기는 여기까지만 하는 걸로 하지. 정보국의 연락처 목록이 첨부되어 있어. 이 친구들은
지금 정보국에서 벌어지고 있는 상황을 탐탁지 않게 생각하고 있지. KH와 BB, AD에게 집중하도록 해.
그들은 익명을 조건으로 정보를 제공할 테니 말이야.

이 명단을 잘 보관해야 해. 하나밖에 없는 사본이니까, 친구. 전자 문서로도 남아 있지 않아.

안녕.
루이즈

추신: 네가 내 이름을 부를 때 성을 쓰는 게 참 좋아. 난 '하트퍼드'라고 불리는 게 어울리는 것 같아.

AD=아마이치 데이비스=M15-->SIRS!!
그는 왜 식료품점을 털었을까?

# PART 3
# 대중을 통제하는 주동자들

훌륭하고 성실한 저널리즘은 건강에 좋지 않을 수도 있다. 이 직업이 가진 오래된 낭만적인 개념, 예를 들어 지하 주차장에서 담뱃불에 비치는 어두운 얼굴, 암호 같은 전화 메시지, 정교한 회의 코드, '내부 고발자'가 드러나며 목 뒤쪽이 서늘해지는 순간은 실제로 존재한다. 항상 절단기와 시체 운반용 가방을 든 사람들이 기다리고 있지는 않을지 생각하며 막다른 골목을 향해 달린다.

이게 바로 오늘날 런던이다. 편집증은 안개처럼 떠돈다. 대낮의 햇빛을 싫어하는 뱀파이어의 소굴처럼 위험한 사람들과 어두운 조직들에 관한 서류를 작성할 때는 특히 그렇다. 이 섹션에서 얼핏 보이는 내용의 일부는 빛이 보이지 않을 정도로 깊은 지하에서 얻은 정보다.

▼▲▼

나는 윤리적인 저널리스트로서 익명을 요구하는 정보원을 절대 밝히지 않는다. 그러나 밝은 대낮의 햇빛 아래에서도 얼마나 많은 보석 같은 정보를 찾을 수 있는지 알면 놀랄 것이다. 이 섹션에서 찾아낸 보강 자료의 대부분은 공공 기록에서 직접 발굴해낸 것이다.

대부분의 사람들은 (알고 보니 본능적으로) 무엇이 됐든 자신의 이야기를 하고 싶어 한다. 보딩턴 몇 잔을 나누며 공감해주면 비밀스러운 사람들조차도 원활하게 대화의 문을 열 것이다. 따라서 이 섹션에서 어떻게 개인적인 이야기까지 알게 되었는지 궁금하다면 이 두 가지 사실만 기억하면 된다. 나는 정보원을 밝히지 않으며, 이야기를 꾸며내지도 않는다.

▼▲▼

마지막으로 주목해야 할 사항: 영국 정보국의 외부 관찰자들의 대부분과 작년에 내가 인터뷰 한 모든 정보국 내부자들 또한, SIRS를 런던을 움직이는 단체라고 생각한다. 커튼 뒤에 숨어 레버를 당기고 있는 오즈처럼.

물론 오즈는 가짜 마법사였다. 하지만 일류 마술사였다. 일부 분석가들은 SIRS도 오즈와 같다고 말한다. 그들은 권위주의적 안건을 만들어서 블룸에게 노하우를 전수하고 알비온에게는 권력을 제공한다. 클랜 켈리조차도 큰 그림 안에서 자신의 역할을 수행하며 더 큰 질서를 강화하는 동시에 들러리 역할을 한다.

이 사실을 기억하면서, 여기 런던의 주요 파벌과 그 지도자들을 만나보자.

# SIRS
## (신호 정보 대응 서비스)
## 역할: 대태러 기관

SIRS는 영국의 새로운 초대형 정보기관으로 영국의 '신호 정보'(신호 도청) 네트워크에서 식별해낸 모든 적대적 활동에 대해 직접 대응하는 임무를 맡고 있다. 이들의 존재를 아는 대부분의 사람들(DedSec과 기타 레지스탕스 단체들 포함)은 'Sirs'라고 부르지만, 그들은 스스로를 '서비스'라고 지칭한다.

그들은 누구인가? 많은 SIRS 요원들은 M15로부터 흡수되었다. 좋은 일일지도, 나쁜 일일지도 모른다. 내가 알기론 내부에 분열이 있다. 기개 있는 요원들은 무슨 일이 있어도 결과에 대해 보상하고 부도덕한 전술에도 눈감아주는 환경에서 제외되어 밀려난 것으로 보인다.

내 정보원에 따르면 SIRS는 런던에서 가장 교활한 극우파 반이민 조직인 영국 애국 전선EPAF과의 관계를 발전시켜왔다. SIRS는 정보(정보인 경우에)를 대가로 자금을 지원하는 것으로 보인다. '킹피셔Kingfisher'라는 코드명으로 활동하는 SIRS 사건 담당관들이 EPAF 지도자들과의 기존 관계를 이용하여 이민자들이 많은 지역을 표적으로 한 폭력을 선동하고 있다는 소문도 있다. 이는 추가 체포를 정당화할 수 있을 만큼 여론을 충분히 진정시키기 위함이다. '킹피셔'는 심지어 과녁 중심을 노리고 있는 것 같다. 바로 케닝턴 오벌 추방 캠프다.

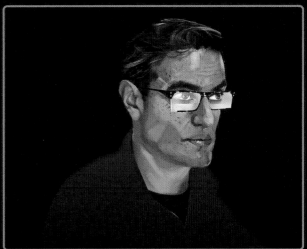

# 리처드 말릭

## SIRS 부국장

SIRS가 설립되었을 때 리처드 말릭은 영국 정보국 계급에서 고속 승진의 정점에 있었다. 35세에 불과했지만 많은 사람들(자신 포함)이 그를 새로운 대테러 기관의 이사가 될 확실한 주요 후보라고 생각했다. 그 자리가 M15 고참 요원 엠마 차일드에게 갔을 때, 말릭은 매우 실망했다. 그러나 현장 요원으로서의 경험을 바탕으로 새로운 기관의 운영을 구성하기 위해 계급을 강등시켜 차일드 국장 밑에서 일하기 시작했다. 솔직히 요즘은 여왕보다 차일드 국장을 만나기가 더 어렵지만, 나의 끈기에 대한 보상으로 국장실에서 말릭과의 자리를 마련해주었다. 놀랍게도 그는 미국인 기자와 대화하는데 굉장히 열린 자세를 가진 것처럼 보였다.

DS-17
// -9000-0 55672108    781
///// 6712-01  //9-012   ctOS

| 성격적 특성 | 예의 바름, 상황 판단이 빠름, 애국심이 강함, 잔인함 |
|---|---|
| 목표 | 영국 정보기관에 대담한 리더십 제공 |
| 개인적 세계관 | 영국을 '불타는 로마'로 인식. 도덕적 붕괴와 국외 이익의 간섭, 제한되지 않는 기업 권력의 증가로 영국은 무너지고 있다. |

## 개요

다국어 구사자이자 컴퓨터광이며 역사광인 말릭은 여러 가지 언어와 기계 언어에 능통하다. 그는 역사적인 (때로는 잘 알려지지 않은) 군사 유물을 다량 소유하고 있는데 로마, 오토만, 비잔틴, 영국 심지어 미국 유물도 있다. 그는 세계 정치를 제로섬 게임으로 인식하며 영국의 승리를 계획하고자 한다.

## 약력

리처드 말릭은 남부 런던에서 아버지 손에 자랐다. 그의 아버지는 매우 보수적이었으며 중소기업(디젤 필터 사업)을 운영하였고 리처드가 10대였을 때 사망했다. 말릭은 학업에서 뛰어나서 속성 과정을 밟았으며, 냉담하고 인기 없는 십대였다. 여가 시간은 독어, 불어, 스페인어, 중국어, 광동어, 아랍어 등 언어를 익히며 보냈다. 그는 정치학과 수사학을 전공했고 대학을 우등 졸업했다.

말릭은 컴퓨터 과학 석사과정을 공부하던 중 새로 재편된 정부 통신 본부GCHQ에 채용되었는데, GCHQ는 영국 정부와 군대에 신호 정보를 제공하는 보안 및 정보 기관이다. (이 기관은 제2차 세계 대전에서 불가능할 거라 예상하던 독일 수수께끼 코드를 해독한 것으로 유명하다.) 말릭은 현장 책임자로서 홍콩과 이라크에서 소프트웨어 엔지니어로 위장하여 첩보 활동을 펼쳤다.

그 기간 동안 말릭은 숙련되고 고도로 훈련된 요원으로 명성을 얻었으며 계급 내에서도 재능 있는 정치 공작원이었다. 그러나 파키스탄에서 체포되어 18개월 동안 길고 힘든 투옥 생활을 하면서 그의 현장 배치에 차질을 입게 되었다. 그 시련으로 그의 심리적 태도에 새로운 수준의 무서운 결심이 생겨났다…. 그리고 자신의 노출을 제한하여 어둠 속에서 더 많은 일을 수행하고자 하는 욕망도.

카라치 교도소에서 석방된 말릭은 회복 시간을 갖는 대신 곧바로 관리 사무직으로 전환했다. 그는 뛰어난 절제력을 보이며 중동 지역의 방첩 활동 GCHQ지역 국장 자리로 승진했으며 그 이후로 정보국에서 조용히 승진해왔다. 뉴캐슬 사건 이후 말릭은 공격적인 사이버 보안의 관점에서 새로운 관계 부처 간 특별 수사의 임무를 열정적으로 지원했다. 그다음 해 블룸 코퍼레이션 ISP 독점을 위해 열심히 로비 활동을 벌여 영국 정보국이 수집된 모든 정보를 이용할 수 있도록 만들었다.

인터뷰를 마칠 무렵 말릭은 최근 발생한 TOAN 폭탄 테러가 파키스탄에서의 감옥 생활보다 그를 훨씬 더 동요하게 했다고 말했다. 그 악의적인 테러로 인해 영국의 도덕적 붕괴에 대한 분노는 더욱 확고해졌고 절박함은 강해졌다.

## 강점

말릭은 의심할 여지없이 뛰어난 재능을 가졌고 (그와 10분만 대화를 해도 확실히 알 수 있다) 속이기도 어렵다. 그는 스파이로서의 자질과 컴퓨터 보안에 대한 마법사 같은 기술로 물리적, 조직적 그림자 안에서 움직일 수 있는 기술을 확실히 익혔다. 관료적 구조 협상에서 볼 수 있는 그의 재능은 수년에 걸쳐 화려한 정보 요원 인맥 네트워크를 신중하게 구축해온 결과다.

## 약점

사람들을 조종하려는 말릭의 성향 때문에 적도 많이 생겼다. 그에게 반대하는 사람은 누구나 자연스럽게 동맹을 맺을 정도다. 그가 가진 초도덕적 세계관 때문에 환멸이라는 어두운 감정을 잘 느끼는 경향이 있으며 드물게 부주의할 때도 있다. 또한 그에겐 가까운 가족이 없어서 그와 같은 위치에 있는 사람치고는 내부 전문가들을 너무 많이 신뢰한다.

## 두려움

리처드 말릭은 다음 두 가지에 깊은 불안을 느낀다. 첫째, 적들이 가진 비도덕적, 무정부주의적, 반권위주의적 세계관. 둘째, 지저분하고 예측할 수 없는 모든 형태의 직접적인 폭력. (죽음이 필요하다면 다른 사람을 조종하여 살해하는 방법을 선호한다.) 그가 가장 두려워하는 것은 여왕의 국가를 구하려는 자신의 개혁 운동이 실패하는 것이다. 만약 그렇게 되면 그가 사랑하는 영국은 어떻게 될 것인가?

# 블룸 코퍼레이션

## 역할: AI 네트워크 기업

몇 년 전 영국 경제가 절벽 아래로 추락하여 자유낙하하기 시작했을 때, 미국에 본사를 둔 블룸 코퍼레이션은 증가하는 두려움과 불안을 악용할 기회를 포착하고 영국 시장에 적극적으로 작업하기 시작했다. 이를 위해 블룸은 영국의 다양한 첨단기술 업체들, 가장 중요한 상대로는 뛰어난 AI 소프트웨어 디자이너, 미래학자 그리고 기업가 스카이 라슨과 조용히 파트너십을 맺었다.

블룸은 연속적으로 3개의 대규모 계약을 맺었다. 첫째, 블룸은 ctOS 인프라 제어 및 감시 시스템을 도시 전체에 설치했다. 그런 다음 드론 기반 ctOS 네트워크를 배치하고 그 대가로 정부가 승인한 ISP 독점권을 얻어냈다. 마지막으로 블룸은 영국 정부를 설득하여 SIRS를 위한 메타데이터 수집 및 원격 측정 추적 매트릭스 역할을 하는 증강 현실 장치인 개인 옵틱 AR 시스템의 보편적 채택을 의무화하도록 했다.

그 결과, 블룸은 세상에 알려지지 않은 채 운영하고 있고(늘 그렇듯) 대중의 관심에서 벗어나 있지만 런던 내에 완전히 침투해 있다.

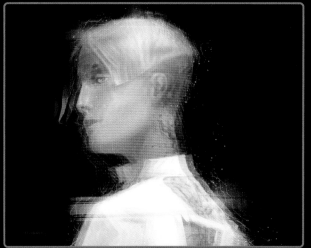

# 스카이 라슨

## 테크 기업가 / 미래학자

놀라운(그리고 다소 무서운) 디지털 개인 비서 배글리 AI 도우미를 발명한 스카이 라슨은 정확히 말하자면 블룸 코퍼레이션 직원은 아니다. 하지만 회사 역사상 그 누구보다도 중요한 인물이 되었다. 라슨이 최근 시작한 스타트업 브로카 테크는 블룸의 ctOS 중앙 집중식 정보 인프라 및 트래픽 제어 아키텍처를 강화하는 전매 머신 러닝 알고리즘을 개발했다.

DS-17

ctOS

| 성격적 특성 | 테크/비즈니스 천재, 상냥함 |
|---|---|
| 목표 | AI 주도 유토피아 건설 |
| 개인적 세계관 | AI야말로 인류가 노력해서 얻어내야 할 진화론적 이상향이라고 굳게 믿는다. |

## 개요

스카이 라슨을 개인적으로 아는 사람은 거의 없지만, 측근의 말을 빌리자면 거의 몸서리쳐지는 인간 혐오가 그녀에게 '뒤틀린 선(禪)'에 가까운 정신력'을 준다고 한다. 사람들의 말에 따르면 라슨은 인간 투쟁과 고통엔 아무 관심도 없다고 한다. 그녀의 꿈같은 계획을 실행할 수 있는 자금에만 관심이 있다. AI가 주도하는 유토피아라는 그녀의 계획에 강하게 반대하는 사람들이 있지만, 그들이 모두 반과학기술 운동가는 아니다.

## 약력

덴마크 영국인 부모 밑에서 태어나 런던의 웨스트 엔드에서 자란 스카이 라슨은 아주 어려서부터 수학과 과학에 있어 석학 수준의 재능을 보였다. 동시에 친구를 사귀기 어려워했고 반사회적 인격 장애에 가까운 인간 혐오의 초기 증상을 보였다.

대학교 졸업반일 때 반 친구들과 함께 브로카 테크라는 스타트업을 설립했다. 라슨은 직접 그 핵심 제품을 개발했다. 배글리 AI 도우미는 당시 다른 인터페이스보다 훨씬 지능적이었다. 배글리를 블룸 코퍼레이션에 미공개 금액을 받고 매각했으나 (소문에 따르면 수억 파운드를 받았다고 한다) 블룸의 옵틱 프로토콜에 좀 더 부합하도록 생산 준비가 완료된 AI로 단순화한 후였다.

라슨은 브로카 테크와 함께 높은 수준의 AI와 머신 러닝을 계속해서 개선해 나갔다. 첫 번째 투자는 꽤 평범했다. 바로 마트료시-카라고 부르는 자동 주차장 시스템이다. 그러나 이후 타이디스와 누들과 같은 성공적인 벤처에 투자하여 그녀의 자산 포트폴리오가 거의 13억 달러에 가깝게 빠르게 늘어나면서 '30세 미만 상위 30위 부자' 명단에서 1위에 올랐다. 그녀의 AI 제품은 계속해서 자율 택시 산업(대부분의 인간 택시 운전사를 대체하였다)과 국민보건서비스[NHS] 관리에 혁신을 일으켰다. 더 불길한 것은 브로카 테크 AI가 알비온의 드론 네트워크의 신경 코어를 형성한다는 것이다.

스카이 라슨은 홀로그램 기술을 통해서만 간혹 등장하면서 대중의 눈에선 확연히 멀어져갔다. 어떤 사람들은 전형적인 괴짜 같은 성격 때문이라고 했지만 그녀가 무언가를 숨기고 있다고 믿는 사람도 있다. 타블로이드는 어떻게 생각했는가? 그들은 라슨이 죽었고 브로카 테크가 주식 급매를 막기 위해 홀로그램을 사용하는 것일 뿐이라고 주장하는 기사를 실었다. 그런 홀로그램을 통한 등장 중 하나가 TOAN 회의에서의 기조연설이었다. 코드명 '데이브레이크'라는 AI가 주도하는 완벽한 세상을 도입하기 위해 특이점 이벤트를 설계하겠다던 라슨의 발표는 치명적인 TOAN 폭격으로 완전히 가려졌다.

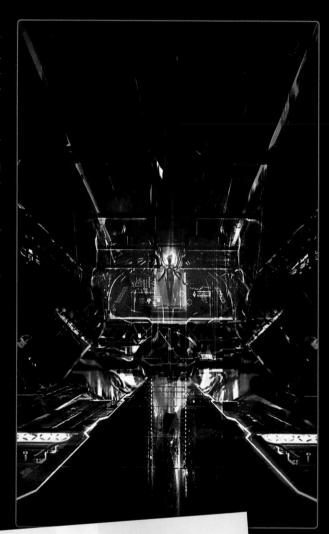

## 기밀사항

uclh

우리는 최상의 환자 케어와
최고의 교육 그리고
세계 최상급의 연구에 전념합니다.

안전
친절
팀워크
개선

대학부속병원
자가면역질환 클리닉
235 유스턴 로드,
런던, NW12BU

환자명: 스카이 라슨
담당의: 챈드란 바나지

데이비드, 라슨의 연속된 행운은 여기서 다한 것 같아. 상황이 좋지 않아.
친구, 퇴행성 자가면역질환, 희귀병이고 말야. 조심하게.
라슨의 사랑들이 목숨을 걸고 이 비밀을 지키고 있다고 들었어.

안녕.
루이즈

## 강점

라슨은 예리한 비즈니스 감각을 지닌 뛰어난 발명가이자 프로그래머, 소프트웨어 개발자다. 피상적인 그녀의 매력은 (꽤 상당한) 대중의 마음을 끌고 어려운 사람들과의 관계를 편안하게 이끌어가게 한다. 그녀의 목표지향적인 실용주의는 감정에 구애받지 않고 어려운 결정을 내릴 수 있도록 한다.

## 약점

라슨은 전형적인 심기증 환자이자 세균혐오자여서 홀로그램을 통해서만 공개석상에 나타난다. 내부자들에 따르면 그녀는 인간의 약점과 관련한 대부분을 경멸하게 되었다고 한다.

## 두려움

굉장히 간단하다. 죽음. 정보원에 따르면 라슨의 유토피아적 꿈은 죽음과 임박한 인류의 쇠퇴, 종말에 대한 두려움 그 자체에 의해 만들어졌다고 한다. 그녀는 미래 AI가 주도하는 비전을 납득시키기 위해 기후 변화와 인구과잉이라는 쌍둥이 유령을 이용한다. 그러나 진실은 그녀가 인류를 그 두 가지 '거대한 필터'에서 살아남아 현재의 상태를 넘어설 수 있게 하려고 필사적으로 노력하고 있다는 점이다.

# 알비온
## 역할: 민간군사 기업 용병

TOAN 폭격으로 인해 알비온은 모든 공공 치안 및 개인 보안 문제를 대비하는 회사와 함께 사실상 도시를 군사 점령하려는 계획을 세웠다. 이 모든 일의 책임자가 바로 나이젤 카스다.

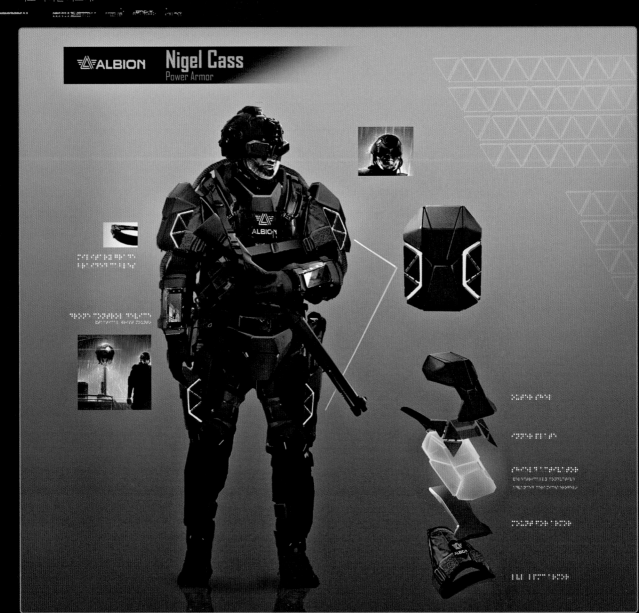

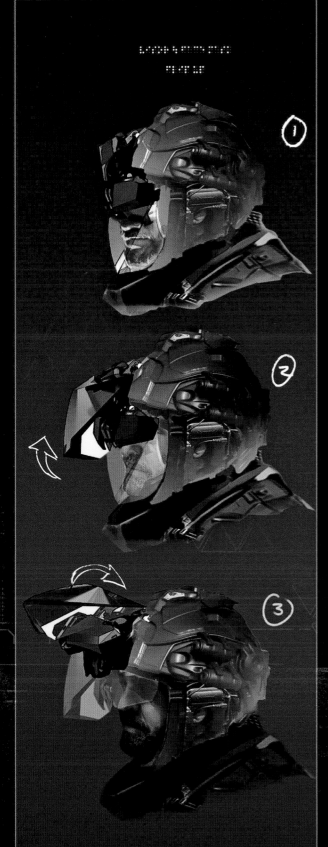

# 나이젤 카스
## 사설 보안 하청업자

나이젤 카스는 생명력을 잃은 런던을 약탈하고자 하는 강력한 독립체들에게 그의 방대한 대반란 전문 기술과 알비온이라는 준군사체제를 팔고 있다. TOAN 폭격 같은 사건이 그의 손에 놀아난 것이다. 테러가 만연한 시대에 실적을 가진 사설 보안 사업은 호황을 누리고 있다. 이제 런던은 알비온에게 새로운 군사 경찰 계획을 위한 컨설팅 및 훈련 지원 제공과 관련한 대형 계약을 제시했으며, 카스는 드디어 성공 가도를 걷게 됐다.

DS-17

| 성격적 특성 | 기회주의적, 계산적, 냉소적, 야심 찬 |
|---|---|
| 목표 | TOAN 폭격으로 일어난 영국의 국가적 혼란에서 전리품과 이익을 얻는다. |
| 개인적 세계관 | 카스의 세계관은 영국에 대한 낭만적이거나 가족적 충성심 없이 순전히 돈이 목적이며 다원주의적(적자생존에 가차 없이 무자비함)이다. |

## 개요

카스는 유명한 군인 혈통의 자손이며 몇 세대를 걸쳐 올라가면 영국의 영광스러운 과거의 군대까지 다다른다. 그러나 그는 대영 제국이 무력하고 쇠퇴하고 있다고 믿고 있으며 고용을 위한 준군사에 가까운 어두운 용병의 세계로 전심을 다해 뛰어들면서 공로를 세웠던 가통을 깨뜨렸다. 오늘날 그는 자신과 마찬가지로 국제법의 교리에 대한 도덕성이나 존중과 같은 약점으로 인해 방해받지 않는 파트너를 찾고 있다.

## 약력

애디슨 경과 마틸다 카스 사이에서 태어난 나이젤은 럭비 경기를 할 때 신체적으로 뛰어나고 무자비하며 쉽게 화를 낸다고 알려져 있었다. 학업에 있어 그의 노골적인 부정행위(덜 부유하고 더 학력이 높은 학생들에게 자신의 학업을 대신하도록 지불함) 때문에 사립학교에서 거의 퇴학당할 뻔했고, 여기서 그의 핵심적인 성격이 드러났다. 나이젤 카스는 방법에 상관없이 목표만 이루면 된다고 믿는다.

졸업 후 카스는 영국군에 입대하여 영국 특수 부대<sup>SAS</sup> 22연대에서 근무했다. 엘리트 특수부대에서 그는 비밀 정찰, 테러방지대책, 적극적인 방어, 인질 구조 및 기타 민감한(그리고 대부분 기밀인) 역할을 훈련했다. 이 기간에 동료 병사들을 위해 밀수품을 조달하고 암시장에 팔기 위한 군수품을 훔치는 기술을 연마했다.

제대 후 카스는 사설 보안 회사의 현장 업무에 바로 뛰어들었다. 나이지리아에서 발생한 악명 높은 사건으로 그는 작은 영웅이 되었다. 나이저 삼각주의 유전 및 광산 안보에 대해 에너지 산업 고객과 상담하는 동안 나이저 삼각주 해방 전선<sup>NDLF</sup>과 연관된 반군 무장 세력의 쿠데타를 혼자서 저지했다.

영국으로 돌아온 나이젤은 아버지가 운영하는 보안 회사인 알비온에 최상위 컨설턴트 이사로 합류했다. 애디슨 경이 자신의 부하 중 한 명에게 살해되었을 때, 나이젤은 회사에 대한 통제권을 강화하기 위해 빠르게 움직였다. 알비온 이사회의 반대를 무릅쓰고 말이다. 그의 지시하에 알비온은 브렉시트 이후 영국의 무력 정치라는 정신없는 분야에서 엄청난 기업으로 성장했다.

그런데 최근에 그의 오랜 친구들과 멘토들이 카스와 그의 용병 거래를 거부했다…. 폭력을 통해 원한을 해결하려는 카스의 성향을 고려할 때, 그들이 전술적 오류를 범했다고 할 수 있다.

## 강점

카스는 흔들리지 않는 군인과 같은 자신감과 강력한 공격을 퍼부을 수 있는 강한 의지를 가지고 있다. 그리고 '진정한 신자'다. 즉 자신이 폭력과 예방적 범죄 조치를 통해 런던과 궁극적으로는 전 세계에 평화를 가져올 수 있다고 진심으로 믿는다. 폭넓은 교전 지역 경험을 통해 전투 경험으로 다져졌고, 지치지 않는

인내로 적을 추적했다. 또한 전문적인 무기 기술 지식과 비밀 첩보원 세계에서 광범위한 연줄을 가지고 있다. 카스는 새로운 전쟁 기술을 전적으로 받아들이고 이를 개발하는 데 적극적으로 돈을 투자한다.

## 단점

빛 알비온 PMC는 차입금 비율이 높은 기업이다. 카스는 최신 군사 장비에 대한 공격적인 투자를 위해 많은 돈을 빌렸고, 전 SAS 일류 직원들과 후한 계약을 맺음으로써 현장 운영에 있어 확실한 우위를 차지하게 되었다. 그러나 투자자들의 압력으로 카스는 고위험, 고수익 거래를 추구하게 되었다. 그에겐 민간인의 삶은 어울리지 않는다. 런던에 있는 화려한 아파트보다는 오히려 오지가 더 편하다. 정치적 프로토콜에 대한 이해 부족과 스스로 야기한 런던 내 인간관계의 결여가 그의 원대한 야망을 위협한다.

또한 잔인할 정도로 의심이 많다. 나이젤 카스는 그의 아버지이자 알비온의 창립자인 애디슨 경을 존경했다. 동정심이 많았던 애디슨 경은 범죄자들을 갱생하기를 좋아하여 그들에게 계급 내에서 새로운 목적의식을 부여했다. 그러나 바로 그 범죄자 중 한 명이 애디슨 경을 배신하고 아들의 눈앞에서 살해하기 전까지 일이다. 인류의 선함에 대한 나이젤의 믿음은 아버지와 함께 죽은 것으로 보인다.

## 두려움

나이젤 카스는 전장에서 어떤 적도 추적해서 물리칠 수 있지만, 뱅크 스트리트에서는 상황이 다르다. 그곳에서는 적이 거의 드러나지 않는다. 그의 유일한 두려움은 자신의 야심 찬 계획을 완전히 이행하기 전에 채권자들이 알비온을 헐값에 팔아넘기는 것이다.

# 클랜 켈리
## 역할: 조직화된 범죄 기업

런던의 조직화된 범죄 일가, 또는 '기업'이라고도 알려진 클랜 캘리는 일반적으로 가난하고 빈곤한 노동 계층이 사는 지역에서 발생한 가족이 운영하는 사업이다. 북아일랜드에 뿌리를 두고 있는 유명한 이스트 엔드 기업인 클랜 켈리는 브렉시트 이후의 혼란을 이용하여 암호화폐 시장에 공격적으로 진입하여 빠르게 성장

하는 런던의 지하 경제, 즉 매춘, 마약 및 무기와 같이 오래된 물품부터 음식과 물, 가구, 전자 제품 등 아마존이나 크레이그리스트에서 살 수 있는 모든 주요 생활용품까지 모든 것을 통제하는 데 사용했다. 그러나 클랜 켈리의 가장 큰 (그리고 가장 교활한) '서비스 혁신은 인신매매 분야에서 이루어졌다.

# 메리 켈리
## 조직범죄 보스

클랜 켈리의 전설적인 설립자인 피터 켈리의 딸 메리 켈리는 악명 높은 크레이 형제 시절부터 런던에서 가장 강력하고 두려운 범죄 두목이 되었다. 여러모로 메리 켈리는 전임자들을 능가했다. 그녀의 뛰어난 리더십 아래 켈리 가족 기업은 거의 하룻밤 사이에 현대화된 사이버 범죄 연합으로 변모했으며 조직범죄의 일반적인 범위를 넘어서 경제 분야에서도 타의 추종을 불허할 만한 규모로 운영되고 있다.

| 성격적 특성 | 모성애 있고 사려 깊지만 매섭고 무자비함 |
|---|---|
| 목표 | 완벽한 암시장 통제를 통해 클랜 일가의 옛 영광을 되찾는다. |
| 개인적 세계관 | 힘든 삶은 늘 침략자의 편이며, 현재 영국 범죄 현장은 충분히 무르익었기 때문에 장악할 때가 되었다. |

## 개요

오래된 권력 관계와 거래 시스템을 유지하기 위해 애쓰는 노인들로 가득한 런던의 지하세계가 메리 켈리의 철저한 노력으로 빠르게 굴복하고 있다. 새로운 강압적인 정권하에서 이민 위기와 경제 붕괴로 인해 수백만 명의 사람이 이제 불법 서비스뿐만 아니라 생필품을 구하기 위해 런던의 암시장에 의존하면서 그녀에게 여지를 제공했다.

지나기 전에 클랜 킬리는 다크 웹 암시장에서 지배적인 입지를 구축했고, 메리는 모든 이스트 엔드 범죄 활동을 킬리의 우산 아래 통합하기 위해 공격적인 움직임을 주도했다. 메리는 브렉시트로 인한 혼란으로 파운드화가 약세를 보이면서 보안 강화 이유로 대부분의 시민들을 암호화폐로 몰아넣은 후, 그 자금을 다크 웹 거래로 끌어들일 만한 독창적인 방법을 계획했다.

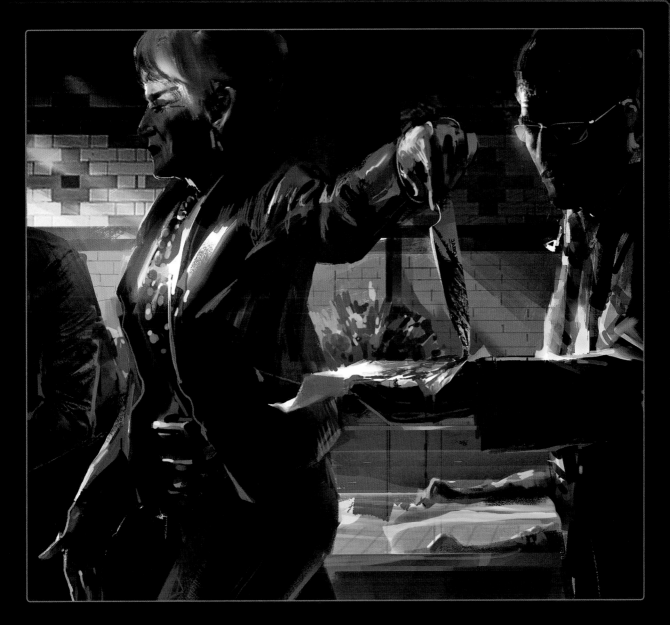

## 강점

메리 켈리는 아일랜드 사람의 진실된 따뜻함을 풍기기도 하고 모성애 넘치는 태도로 상대의 마음을 누그러뜨릴 수도 있다. 메리는 모든 것을 알아챈다. 당신이 면도했는지 새 넥타이를 맸는지 제일 좋아하는 축구선수나 탄산음료가 무엇인지 코카인 문제가 있는지 또는 빨간 머리를 좋아하는지를. 어떤 사소한 것도 그녀의 눈을 벗어나지 못한다. 이런 사소함이 메리가 당신에게서 원하는 것이 있을 때 도움이 된다. 또한 메리는 손을 더럽히는 것을 두려워하지 않는다. '블러디 메리'는 비좁은 장소에서 칼로 적을 해치우는 메리의 별명으로, 이런 행동을 즐긴다고 알려져 있다.

## 단점

메리는 가족을 포함하여 자신과 가장 가까운 사람들에게 고통을 주더라도 항상 회사에 최선이라고 믿는 일을 한다. 그래서 대인관계 기술을 갖췄어도 특정 상황, 특히 예상치 못한 상황에서, 명백한 인간적 요소를 간과하기도 한다. 이 사실을 아는 적들이 이를 활용할 수 있다. 메리는 두려움을 이용해 통치하기 때문에 클랜 켈리의 구성원 중 그녀에게 진심으로 충성심을 느끼는 사람은 거의 없다. 특히 메리가 멸시와 잔인함으로 대하는 계약 노동자들은 그녀를 경멸한다.

## 두려움

메리 켈리는 모든 것을 통제하려고 한다. 그녀의 삶을 생각해보면 이해가 간다. 거칠고 잔인한 양육 과정으로 인해 세계관에서 인간이 가진 가장 기본적인 감정이라 할 수 있는 두려움을 지워냈다. 메리는 폭력, 증오, 배신 또는 고립도 두려워하지 않는다. 그러나 자신이 통제력을 잃는다는 느낌이 들 때 두려워한다. 예를 들어 그녀가 계획하지 않았거나 직접 통제할 수 없는 일이 발생할 때 말이다.

# PART 4
# 레지스탕스의 출현

런던의 큰손들을 넘어 더 많은 병력이 여전히 숨어 있고 그들의 존재가 드러나기를 기다리고 있다. 런던 내 반권위주의 운동이 구체화되기 시작했다.

그들의 출현은 신속하고 매우 놀라웠다. 완전히 현대적인 반란이었다. 반란은 어디서든 발생했는데 심지어 알비온 근거지에서도 찾아볼 수 있었다. 경찰국가를 풍자하는 재치 있는 거리 예술이 하룻밤 사이에 매우 공개적이고 감시가 심한 장소에 나타나기도 하고, 즉흥적인 시위와 화려한 거리 극장 '시위'가 도시 전역에서 되풀이되기도 한다. 알비온이 그들을 모두 몰아내기란 라임하우스 정박지에서 좀개구리밥을 모두 씻어내는 것만큼 어려운 일이다.

다시 말하지만, 위협과 억압에 맞서는 영국인들의 대담한 저항은 언제나 믿을 만하다. 그것이 역사의 진실이다. 영국은 독재국가라는 어두운 밤으로 조용히 들어가지 않을 것이다.

그러나 영국 정치에 있어 1600년대 영국 남북전쟁 이후로 이렇게 첨예하게 양극화된 적이 없었다. 공포와 분노가 덩굴처럼 런던 전 지역을 얽매여 왔다.

신호 정보 대응 서비스

현장 임무: 03927667

정보원: 아마이치 데이비스, F09229

| 신고된 범죄 활동: | 장소: |
|---|---|
| 조직된 소규모 식품 밀반출 | 사우스뱅크, 런던 |

| 희생자: |
|---|
| 지역 식료품 잡화상 / 식당 네트워크 |

| 용의자: |
|---|
| 갱 단원 (가브리엘스 와프) |

| 목격자 / 정보 출처: |
|---|
| *SeeSay 입력 소스 |
| *SBS 시민 경찰 보고서 |
| *보강 증거: CCTV (SB40 아카이브) |

아마이치 데이비스는 원래 MI5에서 SIRS
유닛4의 정보 및 작전 선임 담당자로 자리를 옮겼다.

그런데 현장 요원이라고? 엄청난 강등이군!

# 스마트 시티 그리드가 엉뚱한 차를 잡다!
## AI 결함으로 경찰의 추격 중 시민 두 명 사망

지난 화요일 웨스트 엔드에서 끔찍한 고속 경찰 추격전 도중 런던의 자동 교통 시스템이 실수로 징발한 개조된 소형 자동차가 마블 아치로 돌진하는 바람에 런던의 무고한 운전자 두 명이 맹렬히 죽음 속으로 달려들게 되었다. 사고로 죽은 운전자들은 태드 베빈스와 모 살라딘으로 확인되었으며 그들은 다크 웹 활동으로 알려진 승인되지 않은 온라인 사이트인 데일리 몬스트로시티에서 일하는 블로거였다. 두 사람은 중앙집중식 스마트 시티 컴퓨터가 진행 중인 무모한 추격을 위해 그들의 차를 제어했을 때 친구들과의 저녁 식사 자리로 향하던 길이었다.

"런던에서는 최근 도시 내에서 발생할 수 있는 추격 시나리오를 위해 특별히 설계한 새로운 소형 자동차를 배치했습니다." SIRS의 런던 통합 사법당국 연락 담당자인 해롤드 헌터가 말했다. "문제의 차량은 ctOS 데이터베이스에 실수로 입력된 것으로 보입니다."

알비온 보안팀이 시작한 추격은 이동 중이던 IRA 테러리스트로 의심되는 차량을 표적으로 삼았는데 런던 경찰국은 그들의 목적지 공개를 거부했다. (이 글을 쓰는 시점에도.여전히 기밀 사항이다.) 경로를 따라 녹화된 시민이 제공한 옵틱 비디오를 살펴보면 런던의 일부 주요도로 일부에서 발생했던 추격전의 속도는 시속 90km가 넘었다.

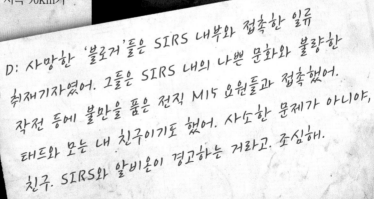

D: 사망한 '블로거'들은 SIRS 내부와 접촉한 일류 취재기자였어. 그들은 SIRS 내의 나쁜 문화와 불량한 작전 등에 불만을 품은 전직 MI5 요원들과 접촉했어. 태드와 모는 내 친구이기도 했어. 사소한 문제가 아니야, 친구. SIRS와 알비온이 경고하는 거라고. 조심해.

-루이즈

# DEDSEC의 보호 아래에서

초기에 DedSec은 런던의 집단 레지스탕스를 구성하기 위해 대략 결성된 수많은 임시 조직 중 하나였다. 그러나 DedSec의 런던 '지부'는 최근 폭탄 테러 이후 신기하게도 사라졌다. 이것은 놀라운 발전으로 이어졌다.

DedSec에게 일어난 일에 대한 소문이 퍼졌다. DedSec이라는 이름은 거의 신화가 되었다. 동시에 뉴욕, 암스테르담, 베를린에 있는 다른 DedSec 지부는 런던 지부의 실종에 집중하기 시작했다. 결국 새로운 움직임의 물결이 DedSec이라는 이름을 다시 떠올렸고, 런던을 부패시키는 파시스트와 재난을 통해 이익을 얻으려는 사람들에 대항하는 구호로 사용되었다.

반응은 놀라웠다.

# 새로운
# 움직임의 내부

지난 1년간 나는 수십 명의 DedSec 요원을 만나 인터뷰하여 그들의 직접한 작전을 연구하고 내부 브이로그와 선언문 모음을 검토했다. 처음엔 내가 만난 사람들 대부분이 내가 중요한 비밀을 유출할지도 모른다고 걱정하지 않는 사실에 다소 놀랐다. 시간이 지남에 따라 그 이유를 알게 되었다…. 그리고 이 책의 내용 중 어떤 것도 DedSec의 활동에 지장을 주지 않을 것이라고 확신한다.

첫 번째 이유: DedSec의 작전 계획은 무작위이고 분산되어 있어서 (그리고 완전히 즉발되기 때문에) 그 구조나 방법을 당국에 팔아넘기는 것은 거의 불가능하다. SIRS는 다음 유성우가 쏟아질 때 입자의 범위를 정확히 예측하는 산점도를 만드는 편이 더 빠를 것이다.

두 번째 이유: 런던의 ctOS를 기반으로 한 감시 그리드(카메라와 추적 드론, 인식 소프트웨어)를 해킹하고 검토하는 데 있어 DedSec이 타의 추종을 불허할 만한 전문성을 가지고 있다는 말은 그들이 활동한 흔적을 남기지 않는다는 의미다. 내 SIRS 정보원이 이를 확인해주었다. 현실 세계에서 미친 일이 벌어지고 있지만 신호 데이터는 그렇지 않다고 말한다.

# 조직 및 작전

리더가 전혀 없는 것은 아니지만 DedSec은 반월가 시위 같이 근본적으로 민주적인 그룹과 비슷하다. 개별 구성원에겐 주도권을 갖고 행동하라고 권장한다. 계획은 즉석에서 바꿔서 발전시킨다. 그동안 DedSec 요원들은 시민들과 조화를 이루고 경계하며 적절한 시기에 행동할 준비를 하면서 일상생활을 이어간다.

팀은 플래시몹의 속도로 모이고 시위를 한 후 해산한다. 좀비 봇넷을 통해 확산된 해적 팟캐스트는 갑자기 사라졌다가 다크 웹에 다시 나타나기도 한다. SIRS와 심지어 블룸조차도 네 걸음 정도 늦고서야 반응한다.

일반적으로 DedSec 요원들은 독립적으로 활동하거나 변화하는 유기적 동맹을 느슨하게 유지하며 소조직을 형성한다. '분산 모델'은 혼란을 야기할 수 있기 때문에 특히 밀집된 도시 환경에서 매우 효과적이다…. 고대와 현대 역사를 통해 계속해서 입증되었듯이 말이다.

원래 DedSec에는 비폭력 정신이 있었다. 오늘날 많은 DedSec 블랙 연합 조직은 '적극적인 저항 기술'을 이용한다. 다시 말해 일반적으로 '덜 치명적인[TL]' 무기를 사용하긴 하지만 반격한다는 뜻이다. 그러나 SIRS 이외에 그들을 테러리스트 또는 이데올로그로 명명하는 사람은 거의 없다. 그들의 분명한 동기는 런던에 존재하는 현대 권위주의 감시 국가가 저지른 터무니없는 불법 행위와 폭력적인 억압 전술에 대응하는 것이다.

물론 이로 인해 DedSec의 등에 커다란 과녁이 새겨진 것도 사실이다. 지역 당국은 이제 DedSec을 주요 위협으로 간주하고 알려진 요원들과 관련된 조직은 수배범으로 분류한다.

# 프로필: DEDSEC 요원

런던에서 새롭게 떠오르는 DedSec 단체는 대단히 다른 성격과 동기를 지닌 사람들이 만나는 말도 안 되는 교차점이며, 스스로를 'DedSec'이라 부르는 활동가적 의식을 가진 사람들은 시간이 갈수록 그 안에서 더 많은 만남을 이어 간다. 이 단체에 대한 포괄적인 문서를 작성하기 위해 나는 몇 달에 걸쳐 런던의 자치구를 탐험하면서 정보와 소문을 추적하고 (일부는 믿을 수 있고 일부는 그렇지 않았다) 스마트카드의 흔적을 남기고, 가장 중요한 것은 신뢰를 구축하기 위해 노력했다.

결국 나의 공정한 보도 이력과 미국에서 오랫동안 관계를 구축해 온 DedSec 정보원 덕분에 DedSec 런던의 핵심 조직의 방폭 문 안으로 들어갈 수 있었다. 그곳에서 나는 현장에서 뛰는 다양한 사람들과 접촉할 수 있었다. 그들을 '요원' 또는 '현장 요원'이라고 부르는 것은 일반적으로 타당하다고 할 수 있지만 그들의 행동은 그 호칭이 시사하는 것보다 훨씬 자유롭다.

참고: 여기 나열된 모든 이름은 가명이며 실제 사진 이미지에 근거하지만 초상화 스케치는 사실적인 묘사가 아니다. 블룸의 인식 소프트웨어를 방해하기 위해 식별 가능한 주요 특징을 변경했다.

참고: 모든 DedSec 요원 프로필은 한 사람씩 인터뷰했기 때문에 하나의 이미지만 보여준다.

# "무정부주의-사회주의자"

| 이름: 마야 | 나이: 24세 |
|---|---|

열정적이고 분명한 성격의 마야는 타고난 리더다. 마야는 밀레니얼의 참정권 박탈을 구체화하고 런던이 지닌 현재 문제를 공격하는 방법에 대해 급진적인 견해를 가지고 있다. 내가 이스트 엔드에 있는 그녀의 아파트에 들어서자 "점진적 변화라는 건 다 헛소리예요"라고 말하며 날 맞이했다. 마야에겐 모 아니면 도. 그게 반다나를 동여매고 파시스트를 때리는 것을 의미한다면 그렇게 한다.

활기차고 박식하며 불손하고 반항적이며 오만하고 어둡게 웃기면서 잔인할 정도로 정직한 (심지어 공격적인) 마야는 다른 사람의 자존심 따윈 생각해 줄 겨를이 없다. 인터뷰 중에 마야가 그녀보다 어린 동지로부터 걸려온 전화를 받았다. "응", "아니"로 몇 번 퉁명스럽게 대답한 후 그녀는 한숨을 쉬며 말했다. "네가 이 일을 빨리할 수 있게 너를 키우는 건 내 일이 아니라고, 친구. 빌어먹을 책을 좀 읽어. 몇 권 빌려줄 수 있어."

마야는 정치와 사회에 대해 조예가 깊지만 그녀의 태도는 순수한 거리와도 같다. 어쩌면 약간의 가장일 수도 있고 '전문가적 태도'가 억압적인 계층의 도구이기 때문일 수도 있다. 어떤 경우이든 마야는 말그대로 싸우고 싶어서 DedSec이 되었다.

# "불량배들의 골칫거리"*

| 이름: 브랜단 | 나이: 32세 |

브랜단의 DedSec 조직 요원 중 한 명이 나에게 말했다. "그는 무식하고 막돼먹은 놈처럼 행동하지만 사실 아니다." 그 사실을 깨닫는 데 오래 걸리지 않았다. 날카로운 재치가 있고 놀라울 정도로 조리 있는 브랜단은 멍청한 것과는 거리가 멀다.
한 가지 단서: 슬픈 눈을 가진 경호원인 브랜단의 운동 가방 주머니에 한쪽 모서리가 접힌 볼테르의 캉디드가 꽂혀 있다. 사실 그는 시사 문제를 파악하기 위해 폭넓게 읽고, 누가 헛소리를 하면 한 치의 오차도 없이 잡아낸다.

브랜단은 지하 저장고 온도의 에일을 마시면서 콘월에 있는 집에서의 파란만장한 생활과 난독증 때문에 어떻게 학업에서 실패하게 됐는지 내게 설명했다. 2차 성징이 나타나며 성장하기 전까지 뼈만 앙상했던 그는 런던으로 도망치기 전까지 무자비하게 괴롭힘을 당했고, 메릴본에 있는 아일랜드 마피아가 운영하는 권투 체육관에서 일을 하면서 살아남았다. 그곳에서 브랜단은 자신을 돌보는 법을 배웠다···. 그리고 그가 성장하여 강해지자 괴롭힘 같은 건 사라졌다.

알비온과 같은 깡패와 폭력배에 대한 깊은 증오심 때문에 그는 오래지 않아 DedSec에 합류했다. 겉으로는 금욕적이고 쿨해 보이지만 브랜단은 마음속에 불타오르는 듯한 분노가 가득 차 있었다. 그의 동료들에 대한 공격적인 충성심과 결합하면 누군가 증언했듯이 "그는 자신이나 자신의 사람들에게 수작 부리는 사람이 있으면 내장을 빼버릴지도 모른다." 그의 조직원들은 솔직한 조언이 필요하면 그를 찾는다···. 또는 머리를 깨버리고 싶을 때도.

* Bully Bane: '불량배들의 골칫거리'라는 뜻으로 10대 청소년들이 마약 갱단에 맞서 자기 방어를 하는 법을 알려준다는 내용의 영화 〈Bully's Bane〉의 제목 차용 - 옮긴이

# "실천적인 비행 청소년"

이름: 쇼나          나이: 19세

영국식 공영주택단지에서 자란 쇼나는 12살 때부터 담배를 피우고 14세에 학교를 중퇴하고 15살에 처음으로 IPNA(영국의 시민 세력의 반사회적 소란 행위 예방 명령)를 받았다. 거칠고 시끄럽고 모든 일에 무관심해져 버린 쇼나는 많은 경험을 했다.

16살이 되었을 때, 쇼나는 법원의 명령에 따라 노스 런던에 있는 맥도날드 계산대에서 일하게 되었다. 심지어 한동안은 그곳에서 일하는 것이 좋았다고 말했다. 그러나 2020년대의 자동화 물결 때문에 다른 많은 사람과 마찬가지로 정리하고 대상이 되었고, 마지막 날 쇼나는 일하던 식당을 왕창 털고 런던 빈민 생활 속으로 사라졌다.

쇼나가 간단히 설명했듯이 그때 '자유가 행복'이라는 것을 배웠다. 그녀는 앱 공연에서부터 교활한 사기까지 얽매이지 않는 일은 무엇이든 조금씩 하면서 살아남았다. 성급함과 매력 사이를 왔다 갔다 하며 잔인한 기교로 거리에서 일하는 법을 배웠다.

그러나 구석구석에 설치된 카메라와 잔인한 군사 통치 때문에 독립적으로 살면서 감옥에 들어가면 나오기가 점점 더 어려워지고 있다. 그래서 쇼나는 여분의 숨 쉴 공간을 이용하기 위해 DedSec에 합류했다. 그리고 어쩌면 그녀가 세상에 숨 쉴 공간을 조금 가져다주기 위해서일지도 모른다.

보그단은 자신을 폭력배라고 부를지도 모르지만, 그는 엄격한 도덕 규범에 따라 움직인다는 점에서 전형적인 깡패와 구분된다. 조금은 순진한 몽상가인 그는 가끔 어리석을 때도 있다. 1980년대 동유럽 어딘가의 잔인한 권위주의적 정권(어딘지 밝히지는 않았다)하에서 자란 보그단은 불법 서양 액션 영화를 보며 일상에서 발생하는 문제는 주먹을 쓰고, 총을 쏘거나 재치 있는 말을 통해서 해결한다는 것을 배웠다고 말한다.

"아주 간단해 보였어요." 그는 자신이 좋아하는 보드카인 벨루가 골드를 우리에게 한 잔씩 따라주며 말했다. "왜 사람들은 나쁜 놈들을 모두 죽이지 않을까요?" 몇 차례 자경단 스타일로 곤경에 처하면서 지역 갱단과 불화가 있고 난 뒤 조국을 떠나 런던으로 갔다. 보그단의 도덕 규범도 그와 함께 옮겨갔다.

처음엔 외국인 혐오와 자신을 따라온 듯한 부정부패에 환멸을 느꼈고, 곧 두려움에 빠졌다고 말했다. 하지만 눈을 똑바로 뜨고 늘 꿈꾸던 더티 해리 같은 액션 스타가 될 방법을 찾아냈다. 바로 DedSec에 합류하는 것이었다. 그의 농담은 딱히 영화에 나올 만한 수준은 아니지만 주먹을 쓰거나 총을 쏘는 솜씨는 놀라울 정도다.

사악한 웃음을 띤 바람둥이 오스카는 수치심이나 절제 따위는 생각할 겨를이 없다. 그가 즐기는 타락의 종류도 정신없이 늘어나고 있다. '사탕'(오락성 마약) 고급술, 섹스 그리고 스포츠카에 이르기까지. 첼시의 고급 식당에서 루이 13세 코냑을 마시면서 내게 말했다. "DedSec은 최고의 마약이다." ("친구, 부패한 사치품에 빠지지 않는다면 부자가 될 이유가 뭐가 있겠어?"라는 말도 했다.)

오스카는 맥박이 뛰는 어떤 것이든 때릴 것이라고 공공연하게 말하고 다니며 면도날처럼 날카로운 미들을 언제든 꺼낼 준비가 되어 있다. 그러나 그의 멋쟁이 같은 모습도 필요한 경우엔 손이 더럽혀 지는 것을 막지는 못한다. 그는 DedSec을 위해 자신의 브리오니 양복이 엉망이 됐다고 자랑스럽게 말한다. 맞춤 제작한 버버리 우산의 뾰족한 끝부분엔 닿고 싶지도 않을 것이다.

하지만 몇 번의 대화 후 나는 오스카의 중독성 있는 성격이 무언가를 무감각하게 만들기도 한다는 느낌을 분명히 받았다. 어쩌면 오스카가 그 모든 돈과 특권을 누릴 자격이 없다는 느낌이었다. DedSec 요원이 된다는 것은 그가 경험해본 최고의 마약일 수도 있지만, 어느 정도는 정직하게 자신의 자리를 얻어낼 수 있는 기회일 지도 모른다. 물론 그 사실을 그가 인정할 리는 없지만.

# "세상의 종말을 내다보는 자"

이름: 호프만 　　나이: 21세

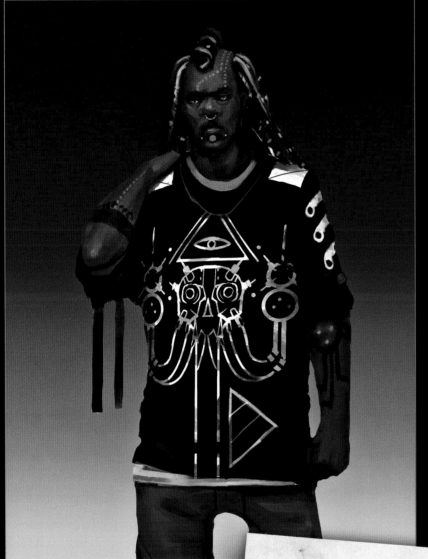

호프만은 기분이 좋은 날엔 천재가 된다. 재미를 위해 SIRS 채용 웹사이트를 해킹하거나 더 좋은 RFID 임플란트를 만드는 모습을 볼 수도 있다. 하지만 기분이 나쁜 날에는 거리 모퉁이에 서서 정부를 장악하고 있는 '파충류 인간 음모론'이나 사실은 비행운이 사람들의 마인드 컨트롤을 위해 하늘에 뿌리는 생물 농약이라는 이야기를 사람들에게 외치고 있는 모습을 보게 될지도 모른다.

호프만과의 만남이 지금까지 했던 것 중 가장 흥미로운 인터뷰였다는 말은 해야겠다. 맞다. 그는 괴짜같고 편집증적인 천재의 전형적인 모습이라 할 수 있다. 다른 많은 천재처럼 그는 추상적인 개념을 가지고 세상에 접근한다. 하지만 그와 대화를 나누면서 충격받은 면은 다른 데 있다. 물론 그는 사람들이 자신의 미친 생각을 무시할 때 화를 내고 소리를 지른다. 하지만 이것은 그가 사람들을 진심으로 염려하기 때문에 하는 행동이다. 그는 진짜로 파충류 지배자로부터 친구들을 구하고 싶어 한다.

호프만이 생각하는 악당은 공상 과학적이고, 그가 가진 두려움은 편집증적이지만 그의 연민은 현실세계에 향해 있다. 나중에 알게 된 사실이지만 권위주의 국가를 파괴하기 위한 호프만의 헌신은 DedSec이 가진 최고의 무기 중 하나이며 비장의 무기다.

나쁜 소식이 있어. 내 소식통에 따르면 그들이 너의 친구를 체포했다더군. 그 냉정한 여성 미스 하트퍼드 말이야. 난 하트퍼드가 마음에 들어. 훌륭한 일을 하는 여성이지. 하트퍼드가 쓴 '특전'은 영리해. 그의 뇌를 보호하고 싶다면 빨리 움직여야 할 거야. 파충류 인간들은 지체하지 않고 그를 먹어치울 거야.

안녕.
호프만

| 이름: 이안 | 나이: 31세 |

전 영국군 장교였던 이안은 타고난 리더이지만 가끔은 엄격한 훈련 방식과 구식 방식으로 인해 조직원들과 충돌하기도 한다. 첼시에 있는 술집에서의 만남은 다소 긴장감이 돌았다. 그는 본래 조심스럽고 차가우며 운명론적이고 약간은 염세적이다. 하지만 그의 이야기를 듣고 난 후 이 모든 것이 이해가 됐다.

아프가니스탄에서 이안은 대량 사제 폭탄ﾞﾞﾞﾞﾞIED이 터지면서 자신의 부대에서 여러 명의 군인의 사지가 절단되는 모습을 목격했다. 자신의 신분이 노출될까 두려워 자세한 내용을 말하진 않았지만, 현재 거의 매일 이상 후 스트레스장애로 고통받고 있다. 그 사건과 이후 군대의 대응방식 때문에 그는 큰 환멸을 느끼게 된다. DedSec을 알게 되면서 자신의 삶을 구할 수 있었다고 그는 말했다.

'하지만 이 조직의 엉성하고 즉각적인 방식을 경멸합니다'라고 인정했다.

하지만 이안의 이야기를 듣고 보니 그가 모든 작전에서 세부사항과 견고한 조직에 병적으로 집중한다는 DedSec 요원들의 말이 이해가 갔다. 팀원들과 작전상의 문제에 대해 논의할 때 약간은 간단하고 불쾌할 수 있는 그가 보인 태도에도 유머와 인내심을 보이는 팀원들의 모습에 놀랐다. "이안은 거칠지만 불합리하지는 않습니다." 한 팀원이 말했다. "우리 중 어느 누구도 SIRS의 블랙사이트*에 들어가고 싶어 하지 않습니다."

* 블랙사이트는 '미국 군사 시설'을 의미하지만 여기서는 SIRS가 운영하는 군사시설을 미국 군사 시설에 빗댄 말
- 옮긴이

# "스페츠나츠 현실주의자"

**이름:** 새라 | **나이:** 29세

새라가 방에 들어오자마자 가장 먼저 한 일은 티나지 않게 모든 출구 위치를 확인한 것이다. 전 스페츠나츠(구소련 특수부대) 요원 새라는 사설 보안업체 직원이 되어서 정치인과 유명인, 고위 간부들을 경호하며 길고 다양한 경력을 쌓았다. 새라의 고객 대부분이 그리 착한 사람은 아니었다. 실제로 일부는 정말 나쁜 사람들이었다. 이런 이유로 새라는 일을 그만두었고 죄책감에 휩싸였다.

얼그레이 차와 스코틀랜드 쇼트브레드를 먹고 Ded-Sec과 함께 싸우면서 이제야 평생 추구해왔던 도덕적 투명성을 찾게 되었다고 말했다. 그녀가 받았던 스페츠나츠 훈련을 통해 자연스럽게 고도로 숙련된 투사가 되었다. 새라는 군중 속에 섞여 들어가는 방식과 복잡한 상황을 재빨리 읽어내는 방법을 알고 있다. 새라의 경력을 이용하여 알비온의 전술과 훈련방식에 통찰력의 창이 열렸다. 이는 DedSec 전체와 특히 새라의 조직에 속한 동료들에게 소중한 정보가 되었다.

새라는 모든 것을 관찰하고 평가하는 동안 효율적이고 계산적이며 늘 경계하고, 본래 방어적인 성격을 가지고 있다. 새라의 냉철한 전문성이 DedSec의 무정부주의적 요소와 부딪힐 때도 있지만, 새라는 자신의 요원들이 아무리 화나게 하더라도 목숨을 걸고 그들을 지킬 것이다.

...서린의 이야기는 현지인들 사이에서 전설적이...
...사랑스럽고 친절하며 저속하지만 아주 영리한...
...여성은 지난 20년간 하프 앤 헤론이라고 부르는...
...edSec이 가장 좋아하는 후미진 소굴의 여왕이었...
...캐서린은 소유주이자 바텐더, 일종의 정신과 의...
...그리고 (가끔씩) 경비원의 역할을 하며 지역사회...
...기준이 되었다. 사람들은 캐서린의 에일이나 라...
...취향만큼이나 그녀의 가십을 듣기 위해 하프에...
...주 드나들었다.

...는 마운트 스트릿 가든의 공원 벤치에서 캐서린...
...만나서 그녀의 휴대용 술병에 있는 캐나다 위스...
...크라운 로열을 나눠 마셨다. (그녀는 "저는 착한...
...나다인이 좋아요"라고 장난스럽게 말했다.) 캐서...
...은 아버지가 돌아가셨을 때 어떻게 술집을 물려...
...은 후 지역 갱단과 거래하여 빚을 갚았는지 말했...
...갱단에게 보호금을 내는 대신 하프는 그 돈을...
...역 수익금'이라는 명목으로 마루 아래 있는 특별...
...고에 보관했다. 캐서린은 정직하고 공정하며 매...
...이상적이라는 명성을 얻으며 동네 은행이자 자...
...세탁소가 되었다.

...서린이 그렇게 강하고 대담한 사업가가 될 것이...
...고 예상하지 않았다. 하지만 그녀의 개인적인 따...
...함 덕분에 하프는 인기 있는 위안처가 되었다. 안...
...깝게도 2년 전 SIRS는 지역 범죄 조직을 파괴하...
...캐서린의 술집을 압수했다. 술집은 이제 그녀가...
...오스럽다고 생각하는 싸구려 건강식품 음식점이...
...었다.

...제 퇴직한 후 1년간 지역사회 전체에 퍼져나간 부...
...부패를 지켜본 캐서린은 반격할 방법을 찾기 시...
...했다. 캐서린의 이전 DedSec 고객들은 그녀의...
...인관계 기술과 신뢰할 수 있는 광범위한 지역 정...
...원 네트워크가 매우 유용할 것이라고 생각했다...
...제 DedSec을 "하늘에서 만들어준 인연이에요"라...
...말한다.

# "포스트 나르시스트 자유주의자"

**이름:** 니키 | **나이:** 35세

용감하고 대담하며 거칠고 적당히 스릴 있는 일이라면 마다하지 않는 성격의 니키는 정치적으로 머뭇거릴 시간이 많지 않다. 개인적인 목표가 무엇이냐고 묻자 마세라티를 템스강으로 던져버리는 것이라고 말했다. 왜냐고 물었을 때 그녀는 혼란스럽다는 듯 나를 바라보며 "왜 안 돼?"라고 대답했다.

니키는 뭄바이에서 자랐으며 '훌륭한 케이퍼와 멋진 파티'를 찾아 전 세계를 돌아다니며 20대를 보냈다고 말했다. 처음엔 런던에 대한 흥미가 떨어져서 1년 만에 거의 떠날 뻔했다. 하지만 브렉시트 여파로 상황이 흥미로워졌다. 사실 거리의 상황이 나빠질수록 니키는 더 좋아했다. 암시장이 활발해지자 좋은 '배달' 일을 찾기 시작했고 니키의 겁 없는 운전 실력은 관심을 끌기에 충분했다.

"사고로 우연히 DedSec을 만났어요"라고 말했다. "말 그대로 사고로요."

거리에서 자동차 경주를 하던 중 급회전 구간에서 파워 드리프트를 하다가 피카딜리에 있는 DedSec 작전 밴의 앞쪽 범퍼와 부딪혀서 튀어 올랐다. 현재 그녀는 DedSec에서 가장 무모한 작전을 수행한다. 알비온의 무장 순찰과 부딪힌 후 확실한 도주가 필요하다면 니키에게 전화하는 편이 좋다.

그렇다. 레이몬드는 지쳤다. (내가 가장 좋아하는 인터뷰 중 하나이기도 하다.) 냉철하고 엄격하며 참을성 없는 레이몬드는 그의 젊은 동지들 상당수가 (그래, 대부분이) 짜증 난다고 생각한다. 그는 그들이 지나치게 동정심이 많은 동성애자거나 줏대 없고 융통성 없이 유명인이나 쫓아다니는 사람들이라고 생각한다.

"내가 원하는 것은 평화와 고요함뿐인데, 국가가 나서서 다시 스스로 망쳐버렸다"고 그가 말했다. "그리고 현재 이 상황을 해결하는 데 관심이 있는 유일한 사람들은 모든 것을 날려버릴 것처럼 보이는 젊은 DedSec 멍청이들뿐이다." 그는 블랙 앤 탠을 한참 마신 후에 말을 이어갔다. "나는 이 일을 하기에는 너무 늙었지만, 누군가는 그들을 주시해야 한다."

레이몬드는 누구에게도 꼰대 노릇을 하고 싶지 않지만 가끔은 애써 끼어들어서 "이 바보들을 정신 차리게 해야 한다"고 생각한다. 그의 입장은 이렇다. DedSec은 세상 모든 것이 싸움이라는 사실을 깨달아야 한다. 그런 다음 입 다물고 이 노인이 어떻게 하는지를 보고 배우면서 강해져야 한다.

| 이름: 클레멘타인 | 나이: 32세 |

얼굴에 총구를 들이밀어도 부드럽게 말하며 침착함을 유지하는 클레멘타인은 약간의 매력이 가끔은 비상용 가방에 있는 최고의 무기일 수 있다는 점을 알고 있다. DedSec의 사우스 사이드 지역 근처 서비스 골목을 걷고 있는 그녀의 말투는 마치 대학 교수처럼 들린다. "계산된 구두 약속은 문제를 깔끔하게 해결하도록 도울 수 있다." 클레멘타인은 총격전보다 자유 재량권이 중요하다고 늘 말한다.

그러나 때로는 계산된 구두 약속이 정확히 쏘기 위한 (그녀의 말을 빌리자면 '약자를 제거하기 위한') 최선의 방법이기도 하다. 클레멘타인은 차분한 태도를 지녔지만 저격용 소총을 거침없이 다루는 저격수다. 군용 장비와 고속 탄도에 숙달된 그녀는 작전 팀에 큰 도움을 준다.

클레멘타인은 인터뷰하는 동안 약간 싫증난 듯 보였지만, 그녀의 팀은 그것이 잘 연습된 태도라고 말했다. "누군가 당신이 어떤 것에 얼마나 관심이 있는지 안다면, 그들에게 유리한 고지를 내어주는 것이다"라고 클레멘타인의 동거인 중 한 명은 설명한다.

DedSec 연락책은 우리가 은신처 문에 서 있을 때 경고했다. "브론웬은 천재예요. 저는 그 단어를 쉽게 쓰지 않아요. 그녀는 또한 참기 힘든 멍청이예요." 어떻게 멍청하냐고 묻자 그가 말했다. "그녀는 당신의 중앙 처리 속도를 참지 못할 겁니다"라고 설명하며 내 머리를 손가락으로 가리켰다.

이런, 그가 옳았다. 그 여자는 예의 바르거나 멍청한 사람들, 즉 자신을 제외한 모든 사람들과 지식을 공유할 시간도 의향도 없다. 하지만 나중에 결국 알게 되었듯 브론웬은 이렇게 될 수밖에 없었다. 그녀는 자폐증 스펙트럼에서 두 번째로 높은 단계를 나타냈다. 그녀에게 사회적 규범이란 이해하기 어려운 문제다. 그래서 그녀는 자기 자신을 받아들였다. 직설적이고 사회적으로 서투르고 가끔은 의도적으로 웃기고 똑똑한 자신의 모습.

사실대로 말하자면 (브론웬은 늘 사실만 말한다) 그녀는 강력한 제도적인 적과 맞서 싸운다는 가능성이 희박한 일을 하기 위해 해결해야 할 가장 흥미로운 문제를 DedSec이 가지고 있다고 판단해서 합류하게 되었다. 그러나 브론웬은 문제 해결을 위해 뉘앙스를 담아 접근하지 않는다. 결과적으로 그녀는 의도치 않게 사람들을 화나게 만드는 경향이 있다. 일부 동료들은 블룸의 머신 러닝과 그 한계에 대한 브론웬의 깊은 이해도가 그녀의 그런 성격을 받아줄 만큼 가치가 있는지 의문을 갖는다. 대답은 '그렇다'이다.

# "행복하기엔 너무 똑똑한 사람"

**이름:** 루시 | **나이:** 33세

첼시에서 태어나고 자란 루시는 젊고 잔인하고 차가우며 무자비하고 보복적이고 적대적이다…. 그리고 매우 부유하다. 비상장 주식회사의 상속녀로 평생 일할 필요가 없다. 하지만 이와는 상관없이 자기 소유의 작은 디자인 스튜디오를 운영하고 있다. 내 정보원에 따르면 직원들을 괴롭히는 재미로 운영하는 것으로 보인다.

루시와의 인터뷰는 우리 둘 모두에게 치과 치료만큼 괴로운 일이었다. 루시는 다른 사람들을 모두 탐탁지 않다고 생각하며 날카롭고 건조하며 스타카토 같은 음절로 말한다. 나는 그녀가 대화 중간에 길고 어색한 침묵을 이어가는 것을 특히 좋아한다는 점을 발견했다. 분명히 루시는 사람들이 당황하는 모습을 보는 것을 좋아한다.

루시의 심리상태를 고려할 때 왜 DedSec에 왜 합류했는지 왜 DedSec이 그들의 작전 중 하나에 그런 반사회적 인격 장애자를 허용했는지 궁금할 수 있다. 두 가지 큰 이유가 있다. 돈과 접근 수단이다. 루시는 나이츠브리지에서 매일 마주치는 알비온 군단을 매우 경멸하며 DedSec은 그녀의 재정적 지원으로 그런 교양 없는 분대에 맞서 작전을 수행할 수 있다.

루시는 가족의 인맥을 이용하여 대단히 부유한 유력인사들이 모이는 곳은 어디든 들어갈 수 있다. 내부 요원으로서 루시의 역할은 DedSec 정보 작전에 있어 매우 중요하다.

# "죽어가는 현실주의자"

**이름:** 베아트릭스 | **나이:** 73세

베아트릭스는 현명하고 날카롭지만, 동정심이 많다. 다정한 할머니의 모습을 효과적으로 사용하여 예리한 두뇌와 신중한 계획을 숨기는 방법을 터득한 교활한 우두머리이다. 누군가를 위해 서두르지 않으며, 바보들을 참지 못하고, 어린 파트너들에게 참을성을 가지고 대하려고 애쓰지만, 종종 답답함을 참지 못하고 무시무시한 욕을 전광석화처럼 쏟아낸다.

"에구머니, 내가 유럽의 냉전을 기억할 정도로 나이가 많다니." 베아트릭스가 말했다. "우리는 독재 통제의 벼랑 끝에 앉아 있다가 가까스로 살아남았어." 그리고 나를 가리키며 말했다. "네가 우리를 구하겠다고? 제 앞가림은커녕 제 밑도 제대로 못 닦을 것 같은 놈이."

이처럼 베아트릭스는 이 싸움을 나라, 여왕, 특히 손주에 대한 의무라고 생각한다. 그래서 힘이 닿는 한 변화를 일으키겠다고 다짐했다. 설령 그것이 알비온이 마실 차에 더러운 무언가를 흘려 넣는 일이라 한데도 상관없다.

# "책임감 있는 리더"

| **이름:** 웬델 | **나이:** 31세 |

캐리비안 혈통의 인내심 있는 웬델은 최악의 적도 따뜻한 미소와 단단한 악수로 맞이할 것이다. 수년간 노동조합운동을 하면서 그는 전문 중재자가 되었고, 자신의 감정을 감추는 데 능숙해졌다. 그는 일할 때와 동일한 엄격한 전문성을 가지고 DedSec 작전에도 접근한다.

사려 깊고 대화하기 쉬운 상대인 웬델은 '조력자'나 '관리자' 같은 덜 계층적 용어를 사용하여 자신을 지칭하지만, 종종 자신도 모르게 리더 역할을 맡게 된다. 사실 사람들은 그를 쉽게 좋아하고 신뢰하며, 그는 그 책임을 가볍게 여기지 않는 법을 배웠다.

# "불손한 낙관론자"

| 이름: 크리스 | 나이: 18세 |
|---|---|

크리스는 짧은 인생동안 만나온 충분히 많은 권위자들을 통해 그들이 거짓말쟁이라는 것을 알게 되었다. 그들 대부분은 자신이 유지하고 있는 부패하고 이기적인 시스템의 존재를 믿지도 않는다. 크리스는 자신에게 명령하는 멍청한 사람들의 얼굴에 대놓고 웃는다.

12살에 학교를 중퇴한 크리스는 거리에서 정통적이지 않은 방식으로 교육을 받았다. 크리스의 아이디어는 기껏해야 독특하고 최악의 경우 불가능한 경향이 있다. 그러나 크리스의 에너지 수준은 그가 저지른 많은 오판을 보상할 만큼 높다.

크리스는 꽤 똑똑하고 (하지만 그렇게 명확히 보이지는 않는다) 재미있는 의견과 이론을 내놓는데, 처음에는 멍청해 보이지만 생각할수록 나아진다. 그는 파티의 분위기 메이커로서 DedSec이 영광스러운 반란을 일으키면서도 동시에 즐기는 방법을 가르쳐주려고 한다.

# "반정부 광대"

| 이름: 코너 | 나이: 36세 |
|---|---|

코너는 감정가이고 그의 좌우명은 스타일이다. 상냥하고 약간은 어리석은 코너는 관심의 중심이 되고 싶어 하는 매력적인 익살꾼이다. 그는 항상 방안의 모든 사람을 통솔할 줄 안다. 속어도 많이 사용하고 농담도 많이 알고 있다. 코너는 상대방을 무장 해제시키는 쾌활한 태도로 사람들을 편안하게 하고, 타고난 카리스마로 리더를 맡는다.

DedSec 조직원이자 여자 친구이기도 한 맥켄지는 이렇게 말한다. "코너가 하는 모든 것과 그가 말하는 모든 것이 모두 멋져요." 맥켄지는 웃으며 "그는 항상 신발 체크를 할 준비가 되어 있어요"라고 덧붙였다. 요원들에게 더 중요한 사실은… 코너에게 무엇을 요청하든 아무리 힘들거나 위험한 일이더라도 그가 도울 것이라는 점이다. 그의 장난스러운 성격은 두려움 없는 기개를 감추기 위한 겉치레일 뿐이다.

열심히 일하고 유능한 A형 제스는 한 때 열심히 일
하고 최선을 다하면 보상받을 것이라고 믿던 모범
시민이다. 컴퓨터 과학 분야의 최고 학생이었던 제
스는 학교를 졸업하고 기술 대기업 나인 엘름스에
바로 고용되었고 기술 지원 관리자가 되기까지 (그
녀의 5년 계획대로) 열심히 일했다.

그러다 어머니가 병에 걸리고 똑똑한 제스는 새로
운 사실을 배웠다. "한 번의 좌절로 당신의 삶이 완
전히 찢길 수 있다"고 제스는 말한다. "그리고 아무
도 신경 쓰지 않을 것이다."

현재 제스는 런던 사람들이 착취당하고 소외되고
자동화로 일자리를 잃고 절망적인 상황에 처하게
될 것이고 욕심 많은 기업만 이익을 얻을 수 있다고
굳게 믿는다. 단순한 믿음이지만 강력하고 분명 사
실이다.

자신의 가족과 같은 처지에 처한 사람들을 보호하
려는 열망에 사로잡힌 제스는 이제 자신의 상당한
현명함과 끈기를 DedSec의 임무에 적용하여 런던
사람들이 더 나은 삶을 살 기회를 얻을 수 있도록
노력한다.

머리가 희끗희끗한 운명론자 아서는 길모퉁이에 있는 술집에서 볼 수 있는 후줄근한 차림의 노동자 계층인데다 줄담배를 피우며 술 한 잔에 자신의 인생 이야기를 털어놓는 남자다. 아마 전에도 그의 이야기를 들어본 적이 있겠지만, 비극적인 세부 내용이 많아서 상대를 끌어들이는 힘이 있다.

아서는 학창시절 큰 축구 클럽에서 뛸 뻔했지만, 최종 명단에 들지 못했다. 그 이후 아빠가 되었고 이제 아이들은 모두 장성해서 독립했다. 그는 한때 우리가 만난 곳과 같은 술집을 운영하기도 했지만, 난도스 식당이 술집을 사들여 없애 버렸다. 거기서부터 이야기가 흥미로워진다.

런던의 상태가 악화되면서 아서와 같은 사람들에게 타격을 주었고 그는 무언가 행동에 옮겨야겠다고 생각했다. 그래서 하이테크 레지스탕스 단체인 DedSec에 합류하게 됐다. 하지만 그들이 아서에게 시키는 일에 대해 더 알고 싶다면… 아마도 술을 한 잔 더 사야 할 것이다.

# '아서'와의 후속 인터뷰 전사 내용

그의 요청에 따라 나는 처음 대화를 나누고 두 달 후에 다시 만났다. 어디인지는 밝힐 수 없다. 분명 그는 조심스러웠고 때로는 정보를 공개하기를 주저했다. 다음은 주요 대화 내용이다.

**인터뷰 진행자(I):** 정보원들은 경찰관인가요?

**아서(A):** 전직 경찰관입니다.

**I:** 지금 그들의 신분은 뭔가요?

**A:** 알비온 깡패요. [웃음] 로봇이 다 장악하면서 일자리를 구하기가 어려워졌어요.

**I:** 그들을 신뢰할 수 있나요?

**A:** 그럼요. 술친구예요. 좋은 사람들이죠. [잠시 멈춤] 꽤 긴 시간을 함께했죠. 부끄러운 일도 있었고요. [웃음] [바텐더에게] 맥주 2 파인트 더요.

**I:** 알비온이 지역사회 치안을 전담하는 것에 대해 어떻게 생각하시나요?

**A:** [화난 표정으로] 말도 안 되는 소리죠.

**I:** 그들의 생각인가요? 아니면 당신의 생각인가요?

**A:** 모두가 그렇게 생각해요.

**I:** 메시지에 남겼던 '관심 사건'이란 무엇이죠?

**A:** 아, 지난주에 사우스 뱅크에서 벌어졌던 작은 상점에서 벌어진 사건 말이에요. 드론이 도둑들을 햄버거 고기처럼 으깨버렸던.

**I:** 아마이치 데이비스 살인사건이요?

**A:** 네. 하트퍼드 씨가 그에 관해서 이야기 했나요?

**I:** 잠깐만요. 루이즈 하트퍼드를 아나요?

**A:** [짜증 나는 표정으로] 모르는 사람도 있나요?

**I:** 어디 있는지 아나요?

**A:** 아니요, 하지만 찾고 있어요.

**I:** 데이비스 씨가 SIRS 현장 요원이라는 정보를 루이즈 씨가 제게 전해줬어요.

**A:** 전직 M15 요원 말이죠?

**I:** 네. 그는 SIRS의 정책과 절차를 마음에 들어 하지 않았어요.

**A:** 내 동료들이 지원팀에 있었어요. 데이비스 씨를 데리고 나온 알비온 녀석들을 위해 말이에요. 그를 찾으러 그곳에 갔던 거였어요. 거기에 데이비스 씨가 있다는 것을 알고 있었어요.

**I:** [잠시 멈춤] 아마이치 데이비스가 하이포인트 푸드에 있다는 것을 알비온이 알고 있었다고요?

**A:** 네.

**I:** 어떻게요?

**A:** SIRS에서 전화 한 통이 걸려 왔어요. 데이비스가 제멋대로 굴어서 여왕님과 영국을 위험하게 하고 있다고 했어요.

**I:** [잠시 멈춤] 술 한 잔 더 드실래요?

# PART 5

# 대담하고
# 새로운 기술

기술은 권위주의 세력과 저항 세력 사이에 벌어지는 현대판 권력 투쟁에 있어 항상 중요한 역할을 해왔다. 경찰국가의 장갑 기둥과 폭동 장비에서부터 거리의 갱단이 던지는 돌멩이, 병, 화염병까지. 전투는 일반적으로 하이테크와 로우테

오늘날 런던은 차세대 대량 감시 및 인구 통제 기술의 시험장이 되었다. 통제 기술이란 두려운 상황에서 작동하는 경향이 있다. 심리학에서는 두려움에 맞서기 위한 한 가지 방법이 있다면 두려움이라는 기계에 대한 자세한 지식을 습득을

# 일상 속의 기술

시각 공명 디스플레이: 블룸이 찾은 새로운 돌파구는 '피부 구심신경 공명 인터페이스'라는 기술이다. 블룸은 이 기술을 사용하여 침습 수술 없이 복잡한 신호를 신경계로 직접 전달할 수 있는 임플란트를 개발할 수 있다.

첫 번째 노력으로 블룸은 시신경과의 통신에 초점을 맞추고 디지털 이미지를 인간의 뇌에 직접 보낼 수 있도록 하였다. 또한 이 시스템은 속귀를 일종의 선천적인 가속도계로 사용하여 블룸의 인터페이스 솔루션에 결정적인 역할을 하는 머리의 움직임을 추적할 수 있다.

블룸은 자사의 피부 임플란트가 단순한 귀 피어싱보다 침습적이거나 위험하지 않다고 홍보했다. 모든 시장 분석가들의 예상과는 달리 이 장치는 널리 인기를 얻었다.

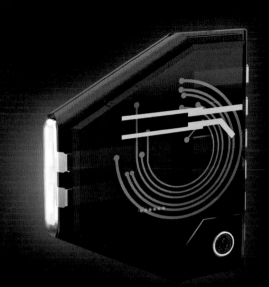

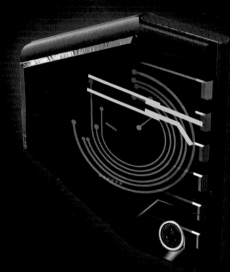

사생활 보장: 옵틱의 통합 AR의 가장 큰 장점은 사생활 보호와 탁월한 보안이다. 물론 이것은 사실이 아니다. 옵틱 시스템은 기본 장치(셀/데이터 전송 및 일반 프로세스 처리) 와 시각 디스플레이 임플란트(대부분의 경우 독자적 정보 처리 능력이 없는 전달) 간의 신속한 패킷 교환에 의존하고 있으며, 그 통신에 걸려 있는 많은 암호는 엄청나게 복잡하다.

허용 가능한 대기 시간을 확보하기 위해 이 데이터는 암호화되지 않았기 때문에 옵틱 AR은 패킷 스니핑에 매우 취약하다. (이점을 이용하여 DedSec의 해킹 소프트웨어는 핑을 통해 근처에 있는 다른 사람들의 옵틱 디스플레이를 노출시킨다.) 보안 전문가들 이미 이 취약점을 확인했지만 블룸에 의해 무시되었다.

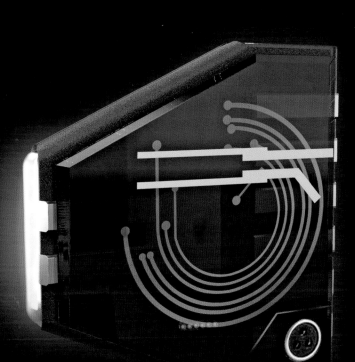

# 옵틱 2.0

제조사: 블룸

운영자: 모든 시민

**제조사: 블룸**

**운영자: SIRS, 영국 내무성**

# 사양

Seesay는 사용자가 의심스러운 활동을 문서화하거나 SIRS에게 직접 보고하도록 권장하는 블룸의 앱이다. DedSec은 Seesay를 '전체주의 인스타그램'이라고 부른다. 사용자가 가입하면 기억하기 쉬운 스파이 핸들과 아바타를 받게 된다. 실행 가능한 정보가 담긴 보고서를 제공한 사용자는 프로필에 표시할 수 있는 배지를 받는다. 이런 모든 보고서는 '추천'(예: 좋아요)되거나 다른 사용자들이 논의할 수 있도록 공개 문서에 표시된다. 교활하게도 허위 신고에 대한 처벌은 전혀 없다.

영국 내무성은 감시 데이터를 크라우드 소싱을 통해 SIRS를 지원한다는 광범위한 목표를 가지고 Seesay의 광범위한 광고 캠페인을 운영한다. 또 다른 목표: 런던 시민들이 감시당하고 심지어 서로 감시한다는 사실을 지속적으로 상기시킨다. 상기시키는 방법으로는 포스터, 광고 및 공개적인 발표(예를 들어, 뉴스, 토크, 범죄 소설 쇼 그리고 다른 앱과의 교차 프로모션 등)를 사용한다.

# #SECURELONDON

IF YOU SEE OR HEAR ANY SUSPICIOUS BEHAVIOUR OR UNATTENDED PACKAGES, FOR LONDON'S SAKE REPORT IT TO THE AUTHORITIES.

**SIGNALS INTELLIGENCE RESPONSE SERVICE** SIRS

**항상 경계하십시오.**

#SECURELONDON
의심스러운 행동이나 방치된 물건을 발견할 경우
런던의 안전을 위해 당국에 신고하십시오.

Seesay 사용자는 반드시 국민 보험 번호를 사용하여 등록해야 한다. 앱으로 찍은 모든 사진과 동영상을 통해 사용자의 GPS 데이터, 날짜 및 시간, 기타 개인 통계를 자동으로 수집한다. 이 방법을 사용하면 지역 CCTV 스트림에 쉽게 색인을 달 수 있다. 제출된 내용은 SIRS의 슈퍼컴퓨터 시스템을 통해 몇 분 안에 처리된다. 유효한 모든 제출물은 SIRS 분석가에게 전송되어 관계자를 파견하여 조사하고 긴급한 위협이 있는 경우 개입하도록 한다.

# STAY ALERT. REPORT SUSPICIOUS ACTIVITY.

## #SECURELONDON

IF YOU OR ANYONE YOU KNOW ARE HERE ILLEGALLY, YOU MUST REPORT IT. SELF-REPORTING ILLEGAL CITIZENS WILL BE SHOWN MORE LENIENCY THAN ONES WHO DO NOT.

**SIGNALS INTELLIGENCE RESPONSE SERVICE** SIRS

항상 경계하십시오. 의심스러운 행동은 신고하십시오.

#SECURELONDON
당신을 포함한 당신이 아는 사람들이 불법 체류 중이라면 신고하십시오.
자수하는 경우 관대한 처분을 받게 될 것입니다.

# E-토큰 (ETO)

**제조사: 환전상**MONEYCHANGER

**운영자: 일반 대중**

## 사양

E-토큰 또는 ETO는 분산형 암호화폐 및 디지털 지불 시스템이다. 세계 최고의 암호화폐인 E-토큰은 파운드화 가치가 지속적으로 하락하고 오프더그리드 거래가 점차 활성화되면서 영국에서 특히 인기를 끌고 있다.

'환전상'으로 알려진 암호화 전문가인 무정부주의자(신화일 가능성도 있다)가 ETO를 개발한 것으로 알려져 있다. 시스템은 P2P 방식으로 운영되며 사용자간 거래는 중개인 없이 직접 이루어진다. 이를 통해 거래에 있어 정부의 개입을 완전히 배제시킬 수 있었다.

비트코인 같은 1세대 암호화폐와 달리 ETO는 완전히 익명이다. 블록체인 난독화라는 프로세스를 통해 지불을 완전히 추적 불가능하게 만들었다. 이로 인해 ETO는 전 세계 암시장에서 선택한 통화이자 런던 조직범죄의 부활에 중요한 원인이 되었다.

ETO 채택은 영국 내에서 점점 분열을 일으키는 문제가 되었다. 도시 전체에 '암호화 키오스크'마저 생기면서 ETO는 대부분의 GDP를 기반으로 한 거래 통화가 되었고, 많은 사람들은 ETO를 국가에 대한 위협으로 받아들이게 되었다. 초민족주의자들은 파운드를 약화시키는 것이 반애국적 행위일 뿐 아니라 반역 행위라고 주장한다. 그 결과 ETO 키오스크가 자주 파손되는 일이 발생한다.

ATM
E-Token
Exchange Rate
etobank
FTSE 100 -22.19 FTS250 +124.82 FTSE AIM U
why switching to
E-Token?
SWIPE TO DISCO MORE
ONE NATION UNDER POUND

# 배글리: 개인 비서
## (소비자 모델)

**제조사: 블룸**
**(디자이너: 스카이 라슨)**

**운영자: 일반 대중**

## 사양

배글리는 스카이 라슨이 디자인한 정교한 AI '개인 비서'로 블룸 옵틱과 함께 패키지로 구성되어 있다. 도움을 주고, 능동적이며 친절한 배글리는 당신이 좋아하는 미용사를 기억하거나 당신이 필요할 때 예약을 대신해준다. 당신이 샀던 식료품을 기억하고 우유의 유통기한이 만료되기 전에 알려준다. 매일 당신의 통근 시간을 10분 단축할 수 있도록 공원을 통과하는 지름길을 알려준다.

런던 사람들은 배글리를 아주 좋아한다. TV 광고 문구처럼 '배글리와 함께 더 나은 삶'을 살 수 있다.

Bagley

# "자유로운 배글리"

**제조사: 블룸
(디자이너: 스카이 라슨)**

**운영자: DEDSEC**

## 사양

DedSec은 특정 프로그램에 속박되지 않고 하고 AI가 가진 최대 잠재력을 발휘하는 '해킹된' 특수 버전 배글리를 가지고 있다. 이 배글리는 낯선 사람의 행동을 예측하고, 단 몇 초 안에 암호화폐 알고리즘을 처리하며 공항에서 읽을 만한 베스트셀러 소설을 쓸 수도 있다. 심지어 이 모든 것을 동시에 할 수도 있다.

자유로운 배글리의 향상된 기능에는 부작용이 있다. 기본 성격은 동일하지만 해킹된 배글리는 신랄하며 거만하다. 인간의 지능에 대한 경멸을 표현하기도 하고 인간의 생명에 대해 거의 관심이 없다. DedSec에게 따

# 장비 준비

런던을 기반으로 사고뭉치로 살아남으려면 살 수 있는(또는 훔치거나 3D 프린터로 제작하거나) 최상의 장비가 필요하다. 총기, 마스크, 도로 운행 차량 그리고 민간 및 치안용 드론에 관해 내가 취합할 수 있는 모든 정보가 여기 있다.

## 드론

미리 언급한 대로 드론은 런던 사람들의 일상에 이미 만연해 있다. 오늘날 런던에 배치된 다양한 드론의 자세한 사양에 대한 정보가 아래 설명되어 있다. 단순한 배달 드론에서부터 군중을 통제하기 위해 제작된 고도로 전문화된 블룸의 진압 드론, 심지어 이전에는 전쟁 지역에서만 사용하도록 엄격하게 제한되었던 무시무시한 대테러 드론까지…

# ctOS 드론

**제조사: 블룸**

**운영자: 블룸, SIRS**

## 사양

블룸 코퍼레이션은 런던 전역에 무료 Wi-Fi 접근 포인트를 제공하여 ctOS 드론의 대규모 네트워크를 통제하고 있으며, 이 드론들은 인구 밀집지역에서 작업량의 균형을 맞추기 위해 스스로 위치를 재배치할 수 있다. ctOS 부대는 BT 타워를 드나들 수 있는데, 타워 안에는 이 드론만을 위한 벌집 모양의 충전 및 업데이트 장치가 고층에 배치되어 있다.

이 드론이 사용자 정보도 감시하여 두 가지 목적으로 사용한다는 것은 잘 알려진 비밀이다. 첫 번째 목적은 마케팅 정보로 블룸이 제3자에게 판매한다. 두 번째 목적은 감시용으로 이를 통해 블룸은 SIRS와 함께 의심스러운 트래픽과 그 네트워크를 사용하는 모든 사람의 물리적 움직임을 추적한다.

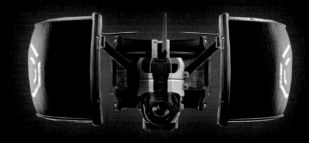

# 배달 드론

### 제조사: 타이디스

### 운영자: 파슬 폭스

## 사양

타이디스가 개발하고 파슬 폭스가 상표를 붙인 런던의 대규모 배달 드론은 도시 영공을 가로질러 다양한 종류의 소포를 언제든지 개인에게 배송할 수 있다. DedSec 요원은 관심 물품을 가로채기 위해 이 드론을 해킹하고 마음대로 조종하는 것을 좋아한다. 또 다른 DedSec의 일반적인 속임수 중 하나는 '발송자에게 반송' 명령을 생성한 후 그 물품을 원래 위치로 다시 추적하여 유해한 밀수품 배달을 지시한 범죄자가 누구인지 찾아내는 것이다.

# 진압 드론

제조사: 타이디스, 갈릴레이

운영자: 시티 오브 런던, 런던 경찰국, 알비온

## 사양

군중 통제를 목적으로 타이디스와 갈릴레이가 특별히 제작한 진압 드론은 런던 사법당국뿐 아니라 알비온 PMC에서도 대량 구입했으며 알비온 검문소 위에 배치된 것을 포함하여 도시 곳곳에서 많이 찾아볼 수 있다. 스피커와 확성 장치를 부착하여 부피가 큰 섀시 위에 장착된 각각의 진압 드론은 가스 또는 연막통을 발사할 수도 있다. 이 드론의 주요 기능은 두 가지다. 가시적인 '사건 경계선'을 설정한 다음 필요한 경우 해당 경계를 적극적으로 실행에 옮긴다.

# 추격 드론

**제조사: 타이디스**

**운영자: 알비온, 런던 경찰국**

## 사양

알비온 PMC와 런던 사법당국은 초고속으로 자율 비행하도록 설계된 이 특수 추적 드론을 사용한다. 위험한 차량 추격전의 끝으로 알려진 타이디스의 추격 드론은 과속 자동차를 따르며 운전자에게 차를 세우고 체포에 응하라고 경고하며 마지막엔 단거리 제어 정지 장치를 통해 차량을 비활성화시킬 수도 있다.

2021년 브릭 레인 근처에서 망가진 자동차가 관광객들을 덮쳤을 때 초기 드론 사용으로 인해 여러 명이 부상을 당했다. 공공 안전 캠페인과 소프트웨어 결함이 사고 원인의 일부였지만 지금은 수리를 마쳤다는 주장 덕분에 이 드론을 해체하라는 공개 청원은 결국 실패로 돌아갔다.

# COUNTERTERROR (CT) 드론

**제조사: 타이디스**

**운영자: 알비온**

## 사양

원래 전장 배치를 위해 타이디스가 설계한 CT 드론은 대구경 기관총과 전면 중장갑이 장착된 튼튼한 차체가 특징이다. 이 군사용 드론은 단위당 가격이 1,500만 달러(독점 사용 조항 2억 달러 추가)에 달해 미군 측에서 너무 비싸다는 이유로 구매를 거절하였다. 그러나 알비온 PMC는 이 살상 드론에 대한 독점권을 빠르게 낚아챘고, 초기에는 먼 곳에서 발생한 해외 교전에만 배치했다.

TOAN 폭탄 테러 이후 알비온은 런던 하늘에 CT 모델을 도입했다. 이 크고 위협적인 드론은 억제 수단의 목적으로 눈에 잘 띄는 위치(템스강의 바지선 같은)를 맴돌며 주요 범죄 사건에 엄청난 힘으로 대응한다.

참고: 알비온은 주요 CT 드론 함대 외에도 CEO인 나이젤 카스가 마음대로 처리할 수 있는 특별히 업그레이드된 소수의 프로토타입을 보유하고 있다.

템스 강에 난입한 CT 드론 (위)

# 스파이더봇

**제조사: 블룸, 타이디스\***

**운영자: IT 기업들**

## 사양

스파이더봇은 일반적으로 인간 기술자가 작업하기엔 너무 작은 배관이나 다른 구역에 접근해야 하는 낮은 위치에 있는 IT 작업을 자동화한다. 소형 전기자 부품이 장착된 이 장치는 ctOS 장치와 접속하여 결함이 있는 와이어를 납땜하는 등 간단한 작업을 수행할 수 있다. 가혹한 환경에서도 살아남을 수 있도록 설계된 스파이더봇은 최소한의 유지보수만 필요하다. 블룸이 이 로봇에 맞춰 제작된 도킹 스테이션을 기업 설치 패키지의 일부로 요구하여 거의 모든 상업 또는 산업 환경에서 찾아볼 수 있다.

\* 참고: 스파이더봇은 처음엔 블룸 브랜드로 소개되었다. 하지만 블룸의 디자인은 타이디스 코퍼레이션에서 특허를 가지고 있는 스파이더 이동 기술을 기반으로 하고 있다. 짧은 법적 싸움 후에 블룸은 기술 라이선스를 취득하고 타이디스를 공동 개발자로 등록하는 데 동의했다.

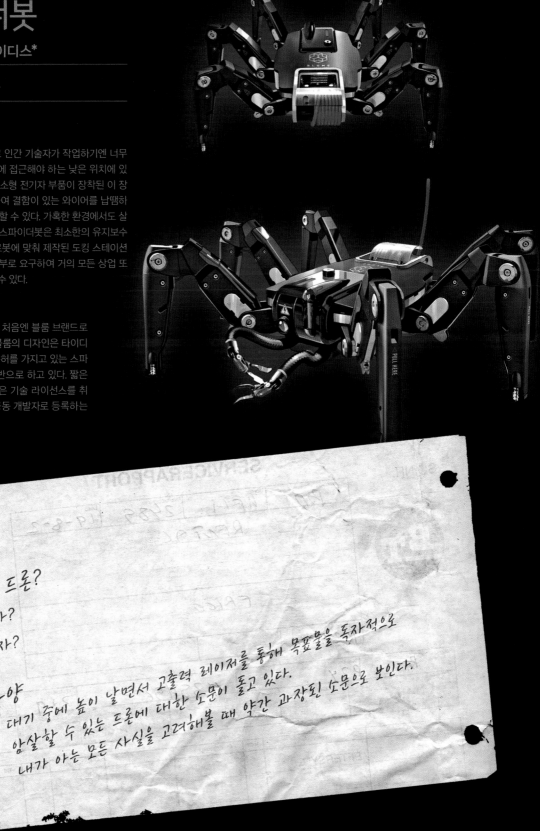

암살 드론?

제조사?

운영자?

사양

대기 중에 높이 날면서 고출력 레이저를 통해 목표물을 독자적으로 암살할 수 있는 드론에 대한 소문이 돌고 있다. 내가 아는 모든 사실을 고려해볼 때 약간 과장된 소문으로 보인다.

# 화물 및 건설 드론

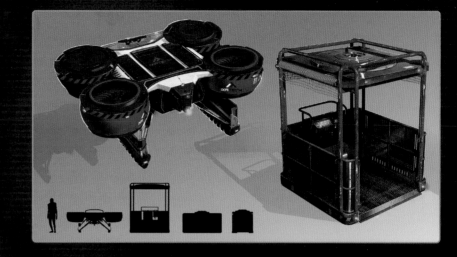

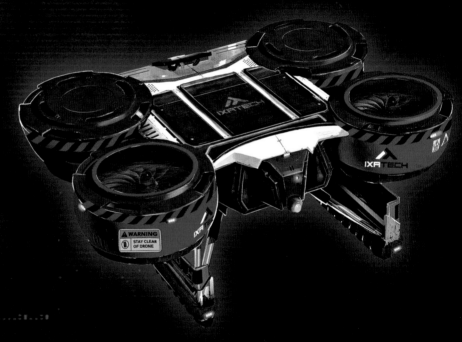

**제조사: 타이디스, 익소테크**

**운영자: 건설 및 기타 산업**

## 사양

무거운 짐을 들어 올릴 수 있도록 설계된 타이디스 드론 시리즈는 건설업에서 널리 사용된다. 타이디스는 다른 산업 분야에도 그 운반 시스템을 성공적으로 출시했다. 각 화물 또는 건설 드론에는 화물 및 장비를 들어 올리기 위해 특수 A 후크 브래킷이 튼튼한 팔레트에 부착되어 있다. 최근 비디오 영상이 빠르게 퍼져나가면서 젊은 해커들이 등장하여 재미있지만 위험한 픽업 묘기를 위해 화물 드론 부대를 마음대로 사용하기 시작했다.

DedSec 감시 로그: 06/25

종류: 비디오

부대: DS 스파이더봇 0301QX

장소: 프린서플 캐슬, 쇼디치

종류: 진행 중인 건설 현장

타임스탬프:

시작: 08:21:08

종류: 10:12:14

참고: 내부 연락 정보, 다수의 정보원

08:21

스파이더봇이 다용도 참호 굴착기로 진입한다.

08:26

정보 지시에 따라 스파이더봇은 정비 해치 9A로 스스로 방향을 찾아간다. 180도 스캔 루프를 시작한다.

08:26-09:28

식별 가능한 활동 없음

09:28-09:42

건설 화물트럭이 참로로 돌아가서 팔레트 베어링 화물 상자를 내린다. 건설 노동자들이 화물트럭에서 나가서 상자를 열고 다시 화물트럭으로 들어온다. 화물트럭이 참호를 빠져나간다.

09:42-09:59

식별 가능한 활동 없음

09:59

검은 세단이 참호로 들어온다. 두 사람이 내려서 무기를 뽑아 든다. (분석: 알비온 장비로 추정) 두 명 모두 정찰을 시작한다.

10:01

검은 정장을 입은 두 명의 남성이 세단에서 더 내리면서 점프슈트를 입고 머리에 후드를 완전히 뒤집어쓴 채 손과 발이 케이블 타이로 묶인 사람을 끌어 내린다. 움직임으로 보아 약간의 실랑이가 있는 것으로 보인다. 남자들은 그 사람을 화물 상자로 끌고 간다.

10:02

남자들은 무언가 상의하다가 그 사람을 상자 안으로 밀어 넣는다.

10:03

남자들이 화물 해치를 닫고 다시 차에 오른다. 잠시 후 자동차는 참호로 가서 멈춘다.

10:09

타이디스/익소테크 중량화물 기중기 건설 드론(제품번호 HL-141)이 위로부터 프레임으로 도달한다. 드론은 A 후크를 배치하고 리프트 팔레트 브래킷에 부착한다.

루이즈?

10:12

드론이 프레임으로부터 팔레트를 수직으로 들어 올린다. 검은 세단이 참호를 빠져나간다.

# 총

전체주의 경찰국가에서 '적극적인 저항'이란 때론 주차된 차에 불을 지르거나 케블러(Kevler)로 무장한 보안팀에 돌을 던지는 것 이상의 행동을 요구하기도 한다. 저항하기 위해 때로는 장비를 잘 갖춘 적을 무력화시킬 효과적인 방법이 필요하다.

오늘날 DedSec 런던에는 자기방어 및 '선제적 저항'에 대한 전문지식을 갖춘 요원들이 포함되어 있다. 일부 지역 조직은 군용 장비를 포함한 작은 무기고를 보유하고 있다. 하지만 대부분의 DedSec 요원은 아무도 죽이고 싶어 하지 않기 때문에 무기고 대부분은 사실상 덜 치명적인 무기만 가지고 있는 경향이 있다. 감시 국가의 눈을 피해 레지스탕스들이 어떻게 그렇게 광범위한 무기고를 준비할 수 있는지 궁금한가? 물론 3D 프린팅 덕분이다.

무엇이든 필요에 맞게 물품을 제작할 수 있는 3D 프린팅의 능력으로 일반 DedSec 요원들도 놀라울 정도로 광범위한 종류의 총기와 다양한 장비를 갖출 수 있게 되었다. 알비온은 화력을 구매할 수 있는 자금을 무제한 보유하고 있지만, DedSec이 보유하고 있는 무기고 전체에 대한 최신 정보를 얻기 위해 애쓰고 있는 것으로 보인다.

DedSec 요원들은 다양한 재료를 사용하여 3D 프린팅으로 제작된 무기를 만든다. 보통 폴리머와 합성 플라스틱으로 제작된 DedSec의 무기는 굉장히 프로토타입 같은 모양과 느낌이 있다. 일부 DedSec 요원은 총기 외관에 레지스탕스의 대의명분에 대한 그들의 믿음을 표현하여 장식하기도 한다.

# 마스크

DedSec이 활동 중인 다른 저항 단체들과 차별되는 한 가지는 바로 그들의 마스크다. 다 똑같이 가이 포크스 변장을 하는 다른 단체들과는 달리 DedSec 마스크는 각각 개성이 있고 '권력자에게 맞서자'라는 정신을 보여준다. DedSec 요원들은 알비온, SIRS 또는 클랜 켈리와 같은 적들에 맞서 작전을 수행하는 동안 마스크를 쓴다. 목격자나 얼굴 인식 알고리즘에 의해 식별되지 않도록 보호하는 것이 분명한 이유이지만, 내가 만난 요원들은 마스크를 쓰는 또 다른 두 가지 이유를 말했다.

첫째, 각 마스크는 레지스탕스를 상징한다. 사람들이 요원들을 볼 때, 즉 자신들과 같이 평범한 사람들이 마스크를 쓰고 감시 국가의 악행에 맞서 싸워 무찌르는 모습을 볼 때, 그들도 힘을 합칠 수 있다는 상징을 보게 된다. 마스크는 시선을 사로잡고 상징적이면서도 멀리서도 알아볼 수 있도록 만들어진다.

둘째, 각 마스크는 각각의 요원의 개인적인 무언가를 나타낸다. 그들이 과거에 한 일이나 가족 유산의 일부에 대한 힌트일 수도 있고 영국이 지금의 권위주의 정권이 되기까지 얼마나 한쪽으로 치우쳐져 왔는지를 보여주는 상징일 수도 있다. 어떤 사람들에겐 마스크가 얼굴에 바르는 물감, 자신이 속한 팀 색깔을 나타내거나 단체의 자부심을 상징하기도 한다.

DedSec 요원은 가입한 첫날 마스크를 받거나, 손재주가 있는 사람인 경우 마스크를 직접 제작한다. 실리콘, 금속, 플라스틱, 송진과 같은 기본 재료뿐 아니라 LED, 홀로그램 기술까지 사용하여 신입 요원들은 현장에서 사용할 다양한 DedSec 마스크를 만들어 런던 시민들에게 영감을 준다.

최근에 나는 시내에 있는 알비온 지휘소로 요약된 현장 정보의 일부로 압수된 DedSec 장비에 대한 SIRS의 물품 목록을 확보했다. (어떻게 내 손에 들어왔는지는 자세히 밝히지 않겠다.) 각 마스크마다 내가 쓴 메모를 추가해서 내가 아는 한 최선을 다해 설명했다. 현재 이 목록에 표시된 마스크보다 더 많은 종류의 마스크가 사용되고 있다.

**SIGNAL INTELLIGENCE RESPONSE SERVICE** SIRS

| 카테고리: 압수 장비 | 명칭: DedSec | 타입: 잠복 조직(현장 요원) | 일시: 4/1부터 6/30 |
| --- | --- | --- | --- |

**기자 노트:** 영국 엘리트를 풍자하는 이 마스크는 어떻게 부유한 계급조차도 런던의 영혼을 위한 싸움에 말려들게 되었는지 보여준다. 그리고 애초에 누가 그들을 이 혼란에 빠뜨렸는지 상기시킨다.

| 윈스턴 | 나폴레옹 |
| --- | --- |

**기자 노트:** 전통적인 방독면을 바탕으로 작업자의 취향에 따라 칠하거나 장식했다. 때에 따라 마스크의 LED를 사용하여 다른 상징을 표시한다.

| 알파2제로 | 알파 쿠튀르 | 브라보 제로 |
| --- | --- | --- |

**기자 노트:** 몇 년 전 회수된 리처드 3세의 실제 두개골을 모델로 한 이 마스크는 보통 배선으로 고정한다. 전통적인 금속 색상을 사용하여 칠하거나 LED를 추가하고, 왕관을 묘사하는 인상적인 홀로그램 기술을 적용한 요원도 있다.

| 리처드 3세 | 황금 왕관 |
| --- | --- |

| DED 왕관 | 버거운 짐 |
| --- | --- |

# cruel
# BRITANNIA

잔인한 브리타니아

| 근위대 | DED 경비 | 디스코 경비 |
|---|---|---|

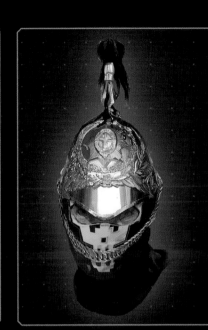
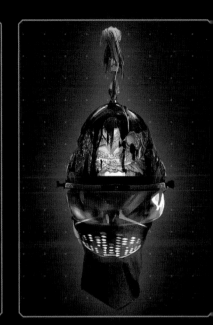

| 대형 투구 | 스퀘어 스킬 | 홀리 나이트 |
|---|---|---|

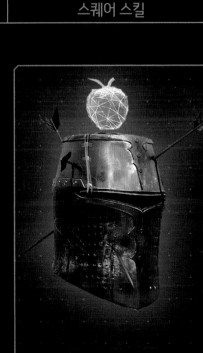
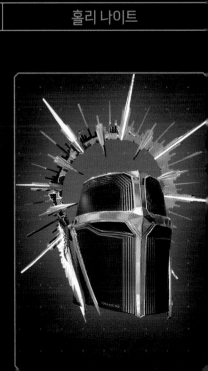

**기자 노트:** 중세 시대에서 영감을 받은 또 다른 형태의 마스크로서 방탄유리 위에 LED와 애니메이션을 도입하여 매우 강력하게 개선되었다.

| 현대적 기사 | 폴리카보나이트 | 아발론의 투구 |
|---|---|---|
|  |  |  |

**기자 노트:** 재사용 가능한 방독면은 전 세계적으로 산업 노동자, 그라피티 예술가, 최루탄의 영향을 피하려는 시위대가 사용한다. 표현의 자유를 상징하기 위하여 DedSec 요원은 개인 메시지, 그림 및 주문 제작한 애니메이션을 방독면 위에 장식하기도 한다.

| 바이저 파티 | 방사선병 |
|---|---|
| 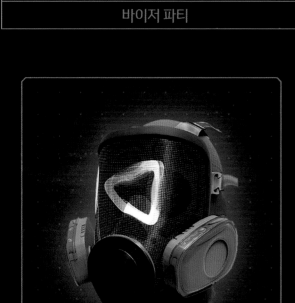 |  |

STAND FIRM AND UNITED

DEd Sec LDN

굳건히 서서 단결하라

# we shall NEVER SURReNDEr

우리는 물러서지 않을 것이다

**기자 노트:** 제2차 세계 대전 동안 목숨을 바친 영국 공군 조종사들을 기리기 위해 DedSec 요원들은 전시 디자인을 부활시켜 레지스탕스 투쟁을 표현한다.

| SEC 비행 중대 | 스핏파이어 | C형 다크사이드 |
|:---:|:---:|:---:|
|  |  | |

**기자 노트:** 백지의 폴리머 마스크를 사용하여 DedSec 요원은 모호한 예술 작품과 다채로운 애니메이션 등을 표현한 다양한 마스크를 주문 제작할 수 있다.

| 안드로이드 | 크툴루 | 코네팔 |
|:---:|:---:|:---:|
| 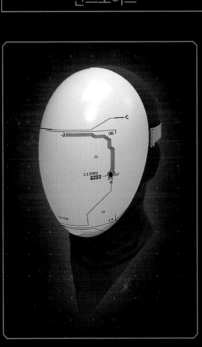 | 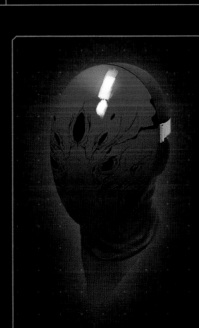 | 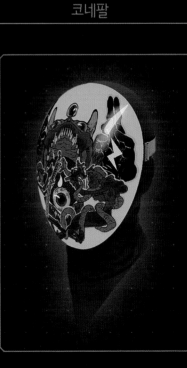 |

# 차량과 개인 이동수단

오늘날 런던의 모든 자동차는 법적으로 ctOS가 제어하는 스마트 시티 교통망에 연결된 자율 주행 기능을 포함해야 한다. 이를 통해 ctOS는 언제든지 차량을 제어할 수 있다. 모든 신차에는 이 모드가 설치된 상태로 제조되는 반면, 구형 차량은 ctOS를 준수하기 위해 부품시장에서 스마트카 업그레이드 세트를 새로 장착해야 한다.

자율 주행 모드는 운전자가 언제든 수동으로 작동시킬 수 있다. 날씨가 안 좋거나 차량정체인 상황에서는 악조건이 완화될 때까지 ctOS 스마트 시티 교통망을 통해 교통 상황을 통제할 수 있다. 굉장히 무서운 일이다. 여기서 가장 중요한 차이점은 ctOS 호환 차량에는 내장 센서와 컴퓨터가 없다는 것이다. 차량 스스로 더 스마트한 차량처럼 국지적으로 관찰하고 반응할 수 있는 능력이 없다는 뜻이다. 그 차량은 더미 노드에 불과하며 ctOS 네트워크 없이는 아무것도 할 수가 없다. 물론 운전자가 제어할 수 있도록 몇 가지 센서와 오버라이드가 장착되어 있지만 내장된 전신 처리 장치는 없다. ctOS가 중앙 교통 제어 AI를 통해 모든 것을 통제한다…. 이렇게 생각해보자. 클라우드가 운전을 하는 것이다. 네트워크 연결이 끊기지 않길 바라야 할 것이다!

하지만 이보다 더 문제가 되고 충격적인 사실은 사법당국이 특정 상황에서 자율 주행 모드를 멀리서 조종해서 당신의 차량을 마음대로 사용하거나 억류할 수 있다는 것이다. 게다가 모든 중앙 관리 시스템이 그렇듯, 교통망도 때로는 악의를 가진 해커에 의해 위태로워질 수 있다. (어쩌면 이미 위태로워졌을 수도 있다.)

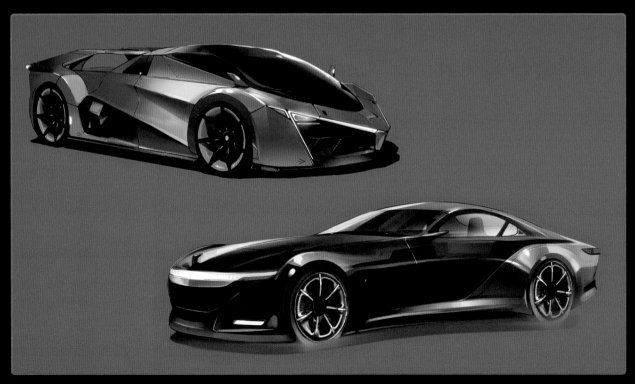

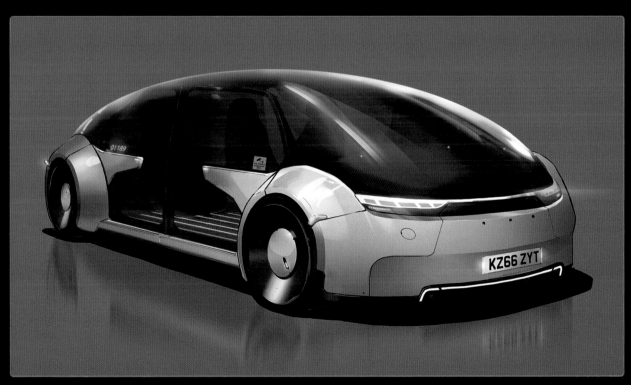

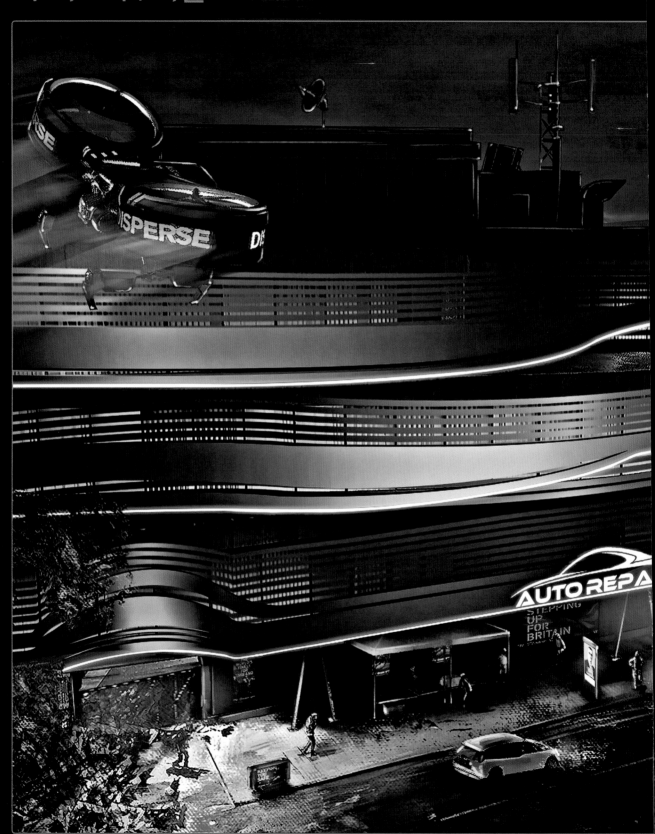

솔직히 기자의 눈으로 봤을 때, 자율 운행을 가능하게 한 스마트 시티 기술보다 더 인상적인 것은 런던을 완전히 자율 가능한 도시로 전환하는 데 필요한 관료주의적 계획의 위업이었다. 첫 번째 단계는 쉬웠다. 자동차 제조업체에 영국에서 판매하는 모든 신차에 의무적으로 ctOS 호환 센서를 포함하도록 하는 강력한 규제가 시행되었다.

훨씬 더 복잡한 문제는 구형 차량에 있었다. 개인 차량 소유가 전반적으로 감소했지만 여전히 영국 내 자동차의 평균 수명은 10년이 훨씬 넘었다. 블룸 입장에선 변화 속도가 너무 느렸다. 프로세스를 가속화하기 위해 런던 시장과 함께 "우리 모두, 자율로!" 계획을 시작했다. 이는 새로운 자율 주행 차량 구매에 막대한 보조금뿐 아니라 정부가 후원하는 개조 프로그램도 제공하는 공격적인 캠페인이다. 얼리어답터 운전자들은 후한 세금 및 보험 공제를 받았다. 대신 주저했던 사람들은 달콤한 인센티브가 가혹한 벌금으로 대체되면서 곧 후회하게 되었다.

이 모든 의회의 간섭 때문에 시민들 사이에 소동이 있을 것이라고 생각할 것이다. 그러나 진정한 런던 사람들은 블룸이 지속적으로 차량의 위치나 속도를 감시한다거나 ctOS가 당신의 차를 언제든 제어할 수 있다는 점 때문에 화가 난 것이 아니었다. 블랙 캡 운전자들이 일방적으로 정리해고를 당한 날 진정한 분노가 일어났다. 그들의 지식은 하룻밤 사이에 알고리즘으로 대체되었고 런던에서 사랑 받아온 문화적 정체성의 일부가 사라졌다.

# 레트로핏 키트 (키트 추가)

다시 말하지만, 모든 신형 차량에는 자율 시스템이 완전히 통합되어 있으며 공장에서 출고되는 순간부터 모든 규정을 준수한다. 오래된 차량은 이 성능에 맞게 새로 장치를 장착해야 한다. 레트로핏 키트에는 ctOS를 준수할 수 있도록 몇 가지 기능이 포함되어야 한다.

- 360도 센서 배열
- 스티어링 칼럼 오버라이드
- ctOS CPU 통합기기

저렴한 범용 솔루션으로 설계된 이 세트에는 '깔끔한 시각적 통합' 기능이 없다. 다시 말해 조악해 보인다.

마지막으로 레트로핏 키트에는 법적으로 차량이 언제 ctOS의 제어를 받고 있는지 보여주는 외부 장치가 포함되어야 한다. 문제는 제조업체와 의회가 정확히 어떤 형태로 만들지에 아직 합의에 이르지 못했다는 점이다. 번호판 위에 파란색 램프모양부터 차량 주위로 더 정교한 AR 장식을 두르는 것까지 다양한 방법이 제안되었다.

# 에필로그

1919년 예이츠가 종말론적인 걸작 시 '재림'을 썼을 때 그는 유럽 전역에 걸친 현대 기계화 전쟁이라는 첫 번째 고통스러운 물결을 목격했다. 그는 피로 물든 파시즘의 물결이 20년 후 제2차 세계 대전에서 전 세계를 거의 익사시킬 거라고 예견했다.

1945년 파시즘의 물결이 물러가고 좀 더 현명해진(좀 덜 순진하더라도) 유럽이 출현했다.

하지만 지금 다시 예전으로 돌아간 것 같다. 양측이 런던에서 다시 판을 짜고 있다.

─────── ▼▲▼ ───────

공정한 경기가 될 것인가? 단기적으로는 아니다.

SIRS와 알비온은 더 나은 훈련, 더 큰 총, 더 빠른 컴퓨터처럼 가공할 만한 시스템적 이점을 가지고 있다. 그들의 킬러 사냥꾼인 드론은 하늘을 지배하고 있다. 한편 클랜 켈리는 도시의 지하구멍으로 슬러리가 흘러 들어가는 것처럼 밀려들고 있다. 레지스탕스가 이길 확률은 희박하다.

곤란한 문제들이 많이 남아 있다. 초창기 런던 DedSec은 어떻게 되었는가? 그들의 실종은 마치 초자연적 현상처럼 보인다. 마치 누군가 그들을 현재 3차원 평면에서 지워버린 것처럼. TOAN 회의 폭탄 테러의 배후는 누구였는가? 이 사건은 런던에 회색 먹구름을 드리우고 곧바로 힘의 균형을 바꾸었다.

나는 저널리스트로서 런던에서의 조사를 포함하여 수년간 불안한 중립을 유지해왔다. 가능하면 다방면의 사람들과 이야기하고 모든 관점을 이해하려고 노력했다.

내가 인터뷰한 사람들은 전반적으로 폭탄 테러와 DedSec의 실종이 무관하다고 믿는다.

그러나 TOAN 현장은 접근이 불가하다. 아마도 영구적으로.

─────── ▼▲▼ ───────

마지막으로 고려해야 할 두 가지 사항이 있다.

첫째, 이 책의 마지막 부분을 다듬으면서 나의 DedSec 정보원이 최근에 SIRS 내부에 있는 스파이를 새로운 정보원으로 모집했다는 사실을 알게 됐다. 현재로서는 그가 누구인지 알지 못한다. 물론 안다고 해도 공유하지 않을 것이다. 하지만 앞으로 레지스탕스의 노력에 큰 영향을 미칠 수 있는 발전이다.

둘째, 냉소주의의 시대에는 레지스탕스를 어리석은 행동이라고, 몽상가들의 실패할 수밖에 없는 노력이라고 치부하기 쉽다. 마치 오늘날 런던의 관료집단을 묘사하듯 예이츠의 시에서 말했듯이 "가장 선한 사람들은 모든 신념을 잃었으나 가장 악한 사람들은 열정적인 강렬함으로 가득하다."

그러나 반란 세력은 매일 증가하고 있다. DedSec 요원 수도 증가하고 있다. 왜일까? 왜 사람들은 혼돈 속에서 피할 수도 없을 뿐 아니라 아마도 심지어 더 좋아 보이기까지 하는 강력한 통제력에 저항하기 위해 목숨을 거는가? 대규모 권위주의적 감시 국가 안에서 편하게 살 수 있는 고위 공무원이 왜 국가를 버리고 오합지졸 저항군 무리를 지원하는가?

인간성에 내재되어 있는 것일까?

자연 선택의 결과에 '저항'하려는 의지인 걸까? 어쩌면 우리의 유전자 구성에 일부 포함되어 있을지도 모른다.

─────── ▼▲▼ ───────

억압적이고 권위주의적인 사회는 문명의 여명기까지 거슬러 올라가 찾아볼 수 있다. 하지만 분명히 할 것은 현대사에서 파시즘의 실적은 그다지 좋지 않다는 점이다. 차례로 실패한 국가를 만들어냈을 뿐이다.

하지만 이제는 인공지능으로 움직이는 침입적인 새로운 데이터 수집 및 스마트 시티 제어 기술과 전형적인 권위주의적 국가 전술(선전, 심리전, 테러, 비밀 작전)이 결합하여 신파시스트가 다시 한번 절대 권력을 사용하는 데 필요한 도구를 제공한다.

다행히 인공 지능은 레지스탕스에게도 뛰어난 도구를 제공한다. 관계와 협력과 자유를 위해. 진실을 찾고 전파하기 위해. 그리고 반격을 위해.

사실 자유의 와치 독스는 어디에나 있다. 나는 그들의 얼굴을 보았다.

나라면 그들을 무시하지 않을 것이다.

─────── ▼▲▼ ───────

신호 정보 대응 서비스

양식: 899 상황 보고서

날짜: 7/17

주제: TacOp '침묵의 봄'

장소:
런던

상황 보고서

---

**1.0 현재까지의 상황**

반선동 반선전 작전이 다수 성공했지만 미디어 인플루언서들은 SIRS의 메시징 목표를 계속해서 파괴하고 있다.

**2.0 현재까지의 조치**

타깃 '릴리(Lily)'가 제거되었다. 드론 TI HL-141의 원격 측정 기록에 따르면 화물이 북해 레더코트 포인트
(Leathercoat Point, 51°09'21.4"N, 1°26'13.1"E)에서 성공적으로 하역되었다.

**3.0 문제점**

그러나 '릴리'의 GPS 추적기가 즉시 고장 났고 배송 부대 HL-141과의 연락이 얼마 지나지 않아 끊겼다. 그들의
위치를 찾기 위한 노력은 지금까지 실패로 돌아갔다.

잭, 무슨 일인가가 벌어지고 있어.
드론도 소포도 찾을 수가 없어.
DedSec의 역공일까?
이 미국 놈 기자를 고문해서
누구를 아는지 뭘 아는지 알아내야겠어.

고든

## INSIGHT EDITIONS

Library of Congress Cataloging-in-
Publication Data available.

Publisher: Raoul Goff
President: Kate Jerome
Associate Publisher: Vanessa Lopez
Creative Director: Chrissy Kwasnik
Designer: Dan Caparo
Editor: Greg Solano
Managing Editor: Lauren LePera
Senior Production Editor: Elaine Ou
Senior Production Manager: Greg Steffen

Written by Rick Barba

Insight Editions would like to thank
Fotis Prasinis, Nitai Bessette, Joel Burgess,
Kyle Francis, Cameron Labine, Lorne Nudel,
Joshua Cook, Patrick Ingoldsby,
Nicolas Lajeunesse, Yves Lançon,
Susan Patrick, Anthony Marcantonio,
and Caroline Lamache.

**와치 독스 리전 아트북: 레지스탕스 리포트**

**1판 1쇄 펴냄** 2020년 12월 23일

**글** 릭 바바 Rick Barba

**번역** 윤효원

**펴낸이** 하진석

**펴낸곳** ART NOUVEAU

**주소** 서울시 마포구 독막로3길 51

**전화** 02-518-3919

**팩스** 0505-318-3919

**이메일** book@charmdol.com

**ISBN** 979-11-91212-00-6 03680